人気NO.1
予備校
講師が
実践!

# 「また会いたい」と思われる話し方

犬塚壮志

朝日新聞出版

# プロローグ
# これからの時代、「話し方」は生き抜くための武器になる

あなたは、ふと、子どもの頃のしくじり体験を思い出すことはありませんか？
私は人前に立つと、中1の教室での出来事をよく思い出します。

「おまえさ、話し方がきついんだよ」
「押し付けがましいし、上から目線だし」
「先生の前だとおとなしいクセに、オレらの前ではいきなり一方的に話し始めて、人の話全然聞かないよね」
「相手によって話し方を変えてて、なんかイヤ」
「おまえが、クラスで浮いちゃってるのも、なんかわかるわ」

いじめられていた……という告白ではありません。

今となっては、「そりゃそうだよな」と自分のしくじりに気づかせてもらったいい思い出です。

厳しいフィードバックの嵐を浴びせてくれたのは、本音を言ってくれる数少ない同級生でした。当時の私は自分のことを「口下手で人見知りだけど」「人の話はしっかり聞くほうで」「目上の人には礼儀正しくして」「できるだけいろんな人に気を遣って話している」ほうだと思っていました。

ところが、そんな自己評価とは裏腹に、私はクラスの中でいつのまにか浮いた存在になっていたのです。自分では原因がよくわからず、正直、どうしていいのかわからない……。そんな時期がしばらく続き、学校に行くのも嫌になっていました。

それを見かねた友人がある日、「気づいてないの？　おまえの話し方に問題があるんだよ。もっと話し方を変えないと、どんどん人が離れていくよ」と教えてくれたわけです。

## ■クビ寸前から年収1800万円へ。大逆転を生んだ気づき

『「また会いたい」と思われる話し方』を手に取っていただき、ありがとうございます。

著者の犬塚壮志です。

現在私は、最新の学術研究に基づく社会人向けセミナーや企業研修を開発・実施する教育コンテンツのプロデュース業などを行っています。その傍ら、個人経営の学習塾で大学受験の化学を教え、東京大学大学院では情報学や認知科学をベースにした「コトバ」が人に与える影響に関する研究もしています。

いずれの活動においても、成果を上げていくために「話す」ことが欠かせない今の私にとって、中1の頃の私はまさに反面教師。どちらかといえば、「人が離れていく」理由に鈍感だった私が、「また会いたい」と思われることの重要性を痛感させられたのは、前職の予備校講師時代でした。

**予備校業界は、いわゆる人気商売です。生徒から支持を集め、自分の講義に出席する受講生が増えれば増えるほど評価も年収も上がっていきます。**人気があれば、入社3年程度でも年収1000万円を超えるという世界です。

そして、受講生を増やすために欠かせないスキルが「『また会いたい』と思われる話し方」でした。生徒の満足度を上げ、自分の講義に出席し続けてくれるようにするには、生徒の心を動かし、役に立つと思ってもらう「話し方」が必要不可欠。つまり、予備校講師は「この先生の講義、もっと受けたい」「またこの授業を取りたい!!」と思ってもらうことで評価される職業だったのです。

大学在学中から受験指導に従事していた私が、業界最難関といわれている駿台予備学校の採用試験に合格したのは、25歳のとき。当時最年少でした。

予備校講師になったばかりの私は、上ばかり見ていました。

生徒たちから人気を得たい。自分を選んでもらいたい。会社からの評価を上げたい。お金も稼ぎたい。

ところが、なぜかまったくうまくいきません。

就職して1年目。初回講義で40人ほど出席していた生徒が、一学期の授業が終わる頃には5人になっていました。これは業界用語で「授業を切る」と言われるものです。私は生徒たちから「もう会わなくてもいいや」と思われたのです。

駿台予備学校に勤務して3年目を迎える時点で、夏期講習や冬期講習という季節講習会での私の講座の売り上げは年間で80万円ほど。完全に赤字の不人気講師です。

しかも、予備校講師は通常1年間の契約で、生徒の支持もなく、業績が振るわない場合、即契約解除になってしまうこともある実力社会。駿台は、業界の中では比較的、講師に対して長い目で見てくれる組織ではありましたが、丸2年、結果を出せていない私は瀬戸際に追い込まれました。

予備校の講義では、通常、予備校サイドが制作した共通の教材をすべての講師が使います。同じ教材を使っているにもかかわらず、人気のある講師、ない講師ではっきりと明暗が分かれてしまうのです。

結果を先に明かしてしまうと、私は悪戦苦闘を繰り返しながらも、どうにか売り上げを伸ばしていきました。最終的に、駿台予備学校を退職する10年目には私の年収は1800万円ほどまで上がっていたのです。また、大学受験の化学を教える予備校講師の中で、季節講習会の受講者数が年間でのべ5000人となり、当時の業界トップの数字を出すに至りました。

**クビ寸前まで追い込まれていた私が、ここまで持ち直すことができたのは、まさに、話し方を徹底的に磨き上げ、生徒たちに「また会いたい」と思ってもらうことができたからです。**

もちろん、最初からうまくいったわけではありません。生徒に好かれようと必死になって、気持ち悪いくらい甘い言葉をかけていた時期もありました。

「キミにはキミのやり方があるもんね」「キミはがんばっているから、今のままでまったく問題ないからね」と。何でもかんでも生徒を肯定するような声がけをしていたのです。

また、雑談や笑いのセンスを高める必要があると思い、人気お笑い芸人のＤＶＤを片っ端から購入し、彼らのやりとりを書き起こしながら、話し方を研究したこともありました。面白おかしく話せれば、生徒がまた授業を受けたいと思ってくれると考えたからです。でも、このアプローチは完全に空回りでした。

生徒たちは大学入試でより良い結果を出すため、予備校に通っているのであって、笑える話を聞きにきているわけではないからです。

話し方のノウハウ、テクニックについて書かれたビジネス書も何冊も読破しました。結果、苦手だった雑談もできるようになり、人前で話すことの緊張感や恐怖心は減りました。しかし、それで講義を受けてくれる生徒が増えることはありませんでした。

今思えば、理由は明白。それは、私が話し手である自分や自分の話すことにばかりフォーカスし、間違った努力を積み重ねていたからです。

それがあるとき、生徒からの受講後アンケートで「生徒に媚《こび》を売っているみたいで、なんかイヤ」「授業に関係ない話はすんな」という辛辣《しんらつ》なコメントをもらったことがきっかけとなり、原体験である「しくじり」を思い出しました。冒頭で紹介した、しくじりです。

そうして、ようやく**「話すときには、聞き手が何を聞きたいか、知りたいかが最も重要**

だ」と気づくことができたのです。

## ■話の内容や話す自分に集中するのは、逆効果

人前で話をする仕事を始めてから、もう20年近くがたちました。

ただ、いまだに人見知りは直りませんし、初対面の人と会うときは緊張します。好きな話題になるとつい熱中し、「話しすぎてしまった」「ちゃんと伝わったかな……?」「退屈させてしまったかも……」と反省することもしばしばです。

そんなとき思い出すのが、やはり中1の同級生たちとのやりとりでしくじったことであり、それを反省したことです。

●「おまえさ、話し方がきついんだよ」

↓「一生懸命話しているからだと思うんだけどな」

●「押し付けがましいし、上から目線だし」

↓「相手の知らないことだから丁寧に伝えようとしているつもりだったのに」

●「先生の前だとおとなしいクセに、オレらの前ではいきなり一方的に話し始めて、人の話全然聞かないよね」

↓

「目上の人に話すときには、必要最小限のことを丁寧に話さなくちゃいけないと思っていたから……。気心の知れたクラスメートには何でも話していいんじゃないの？」

●「相手によって話し方を変えていて、なんかイヤ」

↓

「話す相手ごとに気の遣い方を変えるって当たり前なんじゃないの⁉」

●「おまえが、クラスで浮いちゃってるのも、なんかわかるわ」

↓

「人見知りなりにがんばって話していたのに、そりゃないよ……」

当時の私は自分の話し方に何の問題があるのか、原因もわからず、何をどうしていいのかわかりませんでした。

中1の私は、典型的な失敗をいくつも犯していました。なかでも最も深刻なのは、相手から好かれようと思うあまり、自分だけにしか焦点を当てていなかったことです。話を聞いてくれる相手を知ろうとせず、相手の話をろくに聞かないで、相手が話しているあいだ中、「次に自分が何を話すか」ばかり考えていたのです。

たとえば、中1の私はテスト勉強をしている同級生から「この問題わかる？」と聞かれたら、真っ先に「どう答えを教えようか」と考え、「どう話そうか」「解ける自分をどうアピールしようか」と自分が話す内容ばかりにフォーカスしていました。

でも、それこそが、「おまえさ、話し方がきついんだよ」「押し付けがましいし、上から目線だし」となってしまう原因だったのです。

冷静になって考えると、自分の不甲斐なさに落胆しますが、コミュニケーションがうまくいくはずはありません。

コミュニケーションは、自分のことだけ考えるものでも、相手のことだけを考えるものでもなく、両者の間に存在する「関係性」を同時に考えなければ成立しません。自分のことだけ考えてコミュニケーションを取ろうとしていた私から周囲の人がどんどん離れていってしまったのは、考えれば当然のことだったのです。もちろん、もう一度会いたいと思ってもらえるはずもありません。

相手が自分のことをどう認知しているか、そして、自分と相手の間にできあがっている関係性を把握しながら話さないと、相手の心を動かすことは不可能なのです。

幸い私には、中1でのしくじりの体験があり、それを糧にし、人前で話すことで評価される仕事をしてきたおかげで、「話し方」を改善して、武器にできるまでになりました。

## ■「話す」ことの重要性は、より一層高まる

東京大学大学院で私は、「コトバ」というものが、ヒトにどんな影響を与えるのかということを研究の核に置いています。同時に、SNSなどの多様なメディアを通じた個人の情報発信がどのように移り変わっていくのかも日々追っています。

たとえば、これまで、ネット上で拡散するコトバといえば、Twitterなどを通じて発信された「書いて伝える」が中心でした。しかし今後は、そこにVoicyなどの音声メディアが加わることで、個人による「話して伝える」の拡散が進んでいくと考えています。さらには5G（第5世代移動通信システム）の到来で、「話して伝える」動画コンテンツがより拡散しやすい時代に突入します。

これからの時代、「話す」ことの重要性はより一層高まっていくでしょう。

じつは、書くだけで伝えるよりも、話して伝えるほうが受け手の記憶に残りやすいことも明らかになっているのです。認知心理学における多くの研究で、ある情報を長期に記憶し、思い出しやすくさせるためには、その情報に関連する情報を増やしたほうがよいということがわかっています。

つまり、「書き」で伝えると文字情報のみですが、「話して伝える」は非言語情報（声のトーンや表情など）も同時に伝えることができるため、情報の受け手の五感をより多く使ってもらいながら記憶してもらうことができるのです。

その結果、受け手に与える話し手の情報が増え、伝えた内容や話し手そのものの印象が受け手の中に残りやすくなります。結果的に、信頼関係を構築しやすくなり、「また会いたい」「またこの人と一緒に仕事がしたい」と思ってもらいやすくなります。つまり、「話し方」を鍛えることは、その他大勢の人の中からあなたを思い出してもらい、そして相手から選ばれやすくなるというわけです。

これから、私がこれまでの数々の経験から得た気づきに、認知心理学や社会心理学などを中心とした学術的エビデンスを交えながら、「また会いたい」と思ってもらえる話し方を解説していきます。認知心理学とは、平たく言うと、人の心の中の知的働きをコンピュータのような情報処理システムとして捉えて研究する学問です。一方、社会心理学とは、社会的な影響によって起こる個人の行動の変化を研究する学問です。

**本書では、研究と現場での実践で磨きをかけた「話し方」を「信頼獲得」「聞き手の感情を動かす」「聞き手の行動を促す」「聞き手をファンに変える」「優れた評判を口コミで広げ、ファンを増やす」というステップに沿って紹介していきます。**

1章では「会話以前の信頼関係を築く3原則」と題して、「聞き手である相手を知る重要性とそのメリット」と、実践するための具体的ノウハウを紹介していきます。ここには、話し方の土台となる考え方が詰まっています。

具体的には、相手を知り、話し手であるあなたの人間性を伝え、聞き手に安心感を持ってもらうことで、信頼関係を築く方法を解説します。この方法を実践すると、聞き手の気持ちは「この人の話を聞いてみようか」という方向に傾きます。つまり、あなたから聞き手にメッセージを伝える準備が整った状態ができあがるのです。

2章以降では、そんな聞き手との間に芽生えた信頼関係を土台にして、優れた評判を獲得していくためのコツと戦術を具体的に紹介していきます。

2章と3章では、「目の前にいる聞き手の心を動かし、納得してもらうことで、自らの『また会いたい』と思われるようになる話し方のコツ」を解説します。4章は「ファンを広げる戦術」です。ファンは、あなたの評価を高めていく際に欠かせない存在です。

1章から4章までの章での解説は、武器に例えるなら、攻めを担う「矛」といったところです。逆に、最後の5章は、守りの「盾」を担います。せっかくファンになってくれた人たちを失わないための注意点を解説しています。

本書に書かれているコミュニケーションの手法は、私が予備校講師を続ける中で身につけ、その後、独立し、生存競争を生き抜くためにさまざまなビジネスシーンで実践し、成果が出たものばかりです。

独立してからは、会う人、会う人が一期一会、つまり毎回のコミュニケーションが一発勝負です。「また会いたい」と思われる話し方は、そこで生まれた縁を途切れさせず、さらにはもっと相手と深くつながり続けるための必須のスキルとなりました。

読み進めるときは、ぜひ、次のような質問を念頭においてページをめくってみてください。己を知り、話す目的を把握すること。それが、聞き手の信頼を獲得する第一歩になるからです。

●あなたが、話す目的は？
●あなたが、話し方を気にかける理由は？
●あなたが、本当に必要としている伝え方とは？

信頼は折り重なり、厚みを増していきます。

「気が合うな」
「話がしやすい」
「こちらの聞きたいことを教えてくれる」

と、聞き手が思ってくれたら、

「また会いたい」
「悩みがあるときは相談してみたい」
「友人や知人にすすめたい」

となり、

「この人は信頼できる」
「この人のファンになった」
「この人に恩返しがしたい」

**図表1 「また会いたい」から始まる黄金サイクル**

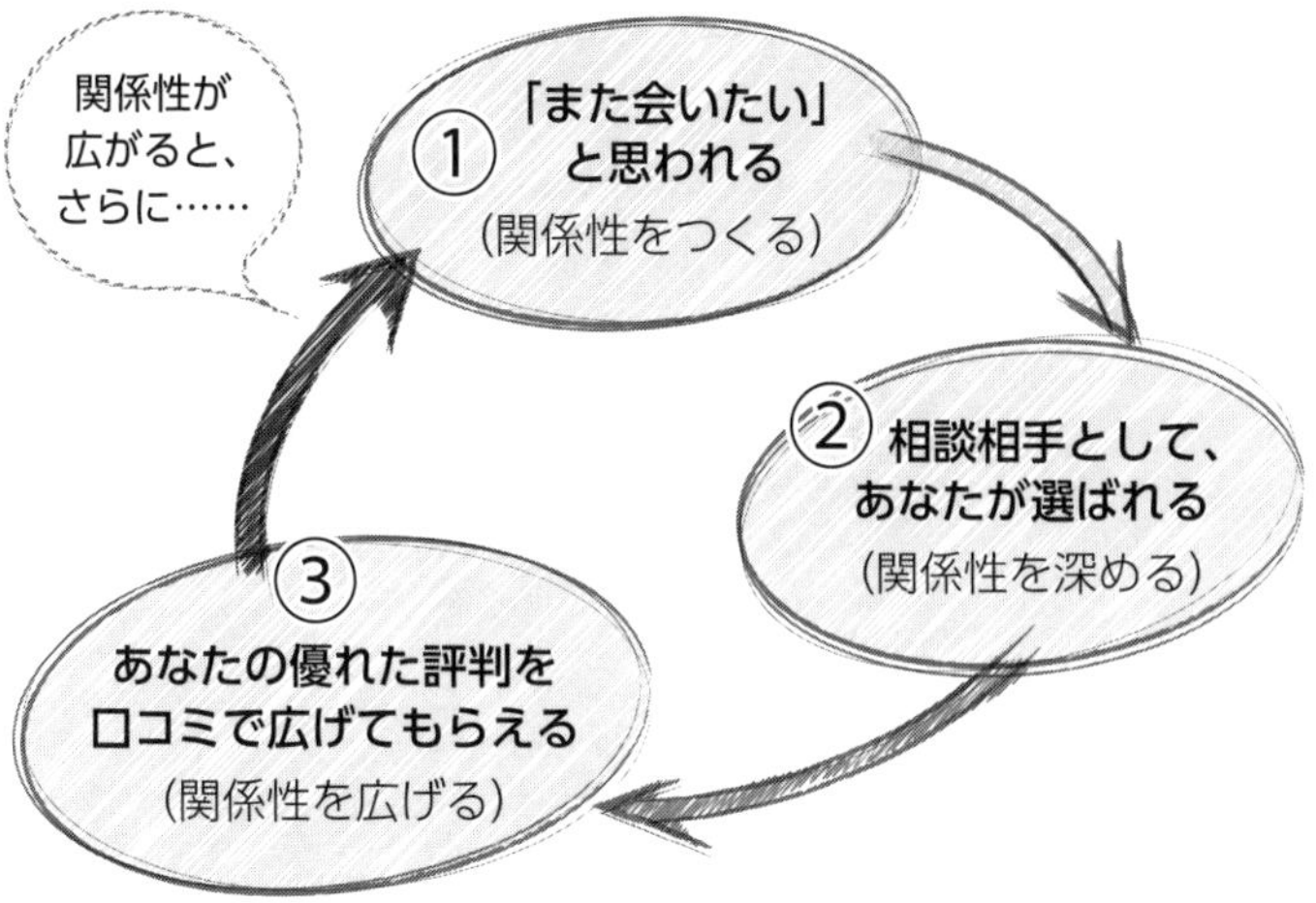
①「また会いたい」と思われる
(関係性をつくる)
②相談相手として、あなたが選ばれる
(関係性を深める)
③あなたの優れた評判を口コミで広げてもらえる
(関係性を広げる)
関係性が広がると、さらに……

にまでたどり着きます。

●聞き手の心を動かすこと
●納得してもらうこと

この2つの話し方（本書でお伝えする話し方）を意識することで、図表1のような好循環を生み出すことができます。「また会いたい」と思われ（＝関係性をつくり）、あなたを相談相手として選んでもらい（＝関係性を深め）、さらに他の人を紹介してもらう（＝関係性を広げる）。そんな黄金サイクルをつくることで、「また会いたい」と思われる関係性がさらに強化されていきます。関係性が生まれたら、その関係性を深めてから広げるのがポイントです。深める前に広げるのではありません。1章から詳しく説明していきますが、**関係性は深めてからでないと、広がりにくい**のです。

この黄金サイクルができた結果として、「○○といえば、□□さん」ができあがります。○○にはテーマや分野が入り、□□には「あなたの名前」が入ります。

これは、あなたが「ブランド」になったということでもあります。**「また会いたい」と思われる話し方を身につけることは、あなたをブランド化すること**でもあるのです。

本書では、その具体的な話し方のノウハウを公開しています。それは、ビジネスパーソンとして生存競争を生き抜くための武器であり、あなたの本来の価値を100%伝えるための技術でもあります。

話し方を変えれば、あなたを取り巻く世界が変わります。

本書がその一助になることを願っています。

# 目次

Contents

# 3章 納得して行動してもらう5つのコツ

# 4章 ファンを広げる3つの戦術

# 5章 ファンが離れていく13のタイプ

Contents



編集協力◉佐口賢作
装丁◉杉山健太郎
本文デザイン◉齋藤　稔（株式会社ジーラム）

# 1章

# 土台としての信頼関係を築く3原則

How to Sperk

# 相手に信頼されなければ、何を言っても伝わらない

少し想像してみてください。

あなたはとある企業の現場リーダーとして、若手をまとめる立場にあります。試行錯誤しながらリーダー役を担っていますが、大きな悩みを抱えていました。

それは若手のスタッフがあなたの求めるレベルで仕事に取り組んでくれないことです。「こんなに一生懸命教えているのに、何でそんな簡単な業務をできるようになってくれないんだろう……」と。熱意と愛情を込めて伝えているはずなのに、あなたの言葉は響いていないのか、彼ら彼女らは思うような働きを見せてくれません。望む成果が出ない中、最近はあなたが「自分ががんばれば」と若手の仕事を引き取って帳尻を合わせています。

そんなある日の会議の後のことです。

10年来の先輩後輩の関係で、今は別部署に所属している上司がすーっとあなたのそばに寄ってきて、言いました。

「おまえ、最近さ、仕事の進め方が少し独りよがりに見えるんだけど、気のせいかな?」

同じ日の午後、異動してきたばかりの上司に呼び出され、こうも告げられました。

「私はチームで仕事を進めるうえで、協調性が重要だと考えている。キミのやり方は独善的過ぎるんじゃないかな?」

先輩上司の言葉と新しい上司の言葉。込められているメッセージは同じです。「あなたがひとりでがんばっていることはわかるけど、周りが困っているかもしれないよ」と。そんな意図からの苦言でもあり、励ましでもあったはずです。しかし、同じメッセージを受け取っても、感じ方がまったく異なるケースはめずらしくありません。

## ■同じメッセージが聞き手に与える、異なる2つの印象

2つの場面で、想像上のあなた（とある企業の現場リーダー）は、それぞれ次のような

気持ちになったのではないでしょうか？

**●同僚の言葉は、「そうかもしれない」とあなたを立ち止まらせ、最近の仕事の仕方を振り返るきっかけとなった**

**●上司の言葉は、「現場のことをわかりもしないで」という反発心を呼び起こした**

長年の友人からの「真剣にやっている？」は「真剣さが足りないのかも？」と自問自答する気持ちにさせてくれますが、会って日の浅い人から「真剣にやっているの？」には「やっているよ！」という苛立ちにつながります。

あるいは、恋人からの「最近、がんばっているね」はよりがんばるためのエネルギーになりますが、同僚からの「最近、がんばりすぎでしょ」は嫌味に聞こえることもあるでしょう。

両者を分けているのは、メッセージを発した相手との間にある関係性や信頼感です。

**人間は、同じ内容の言葉を受け取っても、信頼している人からのメッセージにはポジティブな反応を示し、信頼関係を結んでいない人からのメッセージには不信感や反発心を抱**

**くものです。**これは社会心理学の研究で明らかになっています。

私が駿台予備学校に勤めていた頃、講義の内容以上に心がけていたのが生徒との信頼関係を構築することでした。

なぜなら、同じ内容の講義であっても、生徒との信頼関係があるかないかで、生徒の成績の伸びが大きく変わってくるからです。

信頼している講師の言葉は、生徒を前向きな方向へ促します。ところが、生徒が講師のことを信頼できるかどうか探っている段階では、成績も伸び悩みます。

予備校講師の場合、生徒たちの成績が上がって初めて評価されます。生徒との信頼関係を大切にするのは、生徒たちの成績のためであると同時に、講師自身の評判に直結するからでもあるのです。

**重要なのは、聞き手が「誰に何を言われたか」の「誰に」の部分です。**

どんなに正しい指摘であっても、役立つ情報であっても、信頼関係のできていない相手の話は素直に受け取ることが難しくなります。

一方、**信頼できる人の言葉は、相手の心を動かし、新たな行動を起こすきっかけとなる**のです。そして、背中を押されて行動を起こしたという実感と、そこから得られた経験・

成果によって、聞き手は話し手のことをさらに信頼し、ファンになってくれます。

つまり、「また会いたい」と思われる話し方の土台には、話し手と聞き手を結ぶ信頼関係が必要不可欠なのです。聞き手から信頼される人、周囲の人が信頼できる人になることが重要です。表面的な話し方のテクニックだけでは、人の心は動きません。

**もし今、あなたが「望んでいる評価」を得られていないと思っているなら、欠けているのは身近にいる人たちとの信頼関係を築くための準備と行動です。**

たとえば、「自分は役立つこと、相手のためになることを言っているのに、後輩や部下が耳を貸さない」「SNSで発信する情報に、なかなか『いいね！』がつかない」「メリットを伝えているのに、取引先との関係がうまくいかない」などといった悩みがあるなら、信頼関係を築く準備と行動を起こしてみてください。

## ■話し手と聞き手の間に信頼関係を築く3つの原則

とはいえ、あなたは「他人から信頼される関係を築くのは簡単なことではない……」と思うかもしれません。

たしかに、「あの人を信頼している」と言われるまでには、数ヶ月、数年と良好な関係

## 図表２ 会話以前の信頼関係を築く3原則

### 原則１ 「聞き手」のニーズに興味・関心を持つ(⇒36 ページ)

### 原則２ 「自分」をわかりやすく説明する(⇒49 ページ)

### 原則３ 「聞き手」と「自分」の間に架け橋をかける(⇒64 ページ)

を続け、一歩ずつ信頼を築き上げていく必要があるようなイメージがあります。

その認識は間違ってはいません。しかし、例外はあります。

あなたがこれまでコミュニケーションを取ってきた、たくさんの人たちとの出会いを思い返してみてください。「はじめまして！」とあいさつを交わしたその日の第一印象から、「あれ？　この人とはなんか馬が合う」「何でも話せる感じがする」「信頼できる相手かも」と感じた人が何人かいたのではないでしょうか。

こうした印象を与える人には、共通点があります。**それは持って生まれた人柄や人格ではなく、意識しながら実践していけば誰でも身につけられるものです。**

私は、予備校講師やセミナー講師としての経験と、大学院でしている「認知心理学」をベースとした研究の視点から、信頼される人の共通点を洗い出し、話し手と聞き手の間に会話以前の信頼関係を築く3つの原則を見出しました（図表2）。

相手を知り、自分を見せ、相手と自分の間に架け橋をかける。この3つの原則を意識し、実践することで、誰でも聞き手との間にしっかりとした信頼関係を築くことができるようになります。次ページからは、この3つの原則を解説していきます。

【POINT】

- ●3原則を意識すれば、話し手と聞き手の間に信頼関係を築くことができる。
- ●重要なのは、聞き手が「誰に何を言われたか」の「誰に」の部分。
- ●信頼できる人の言葉は、聞き手の心を動かし、新たな行動を引き出すことができる。

》原則 1

# 「聞き手」のニーズに興味・関心を持つ

私たちは誰かに何かを話すとき、「話せば、伝わる」「話せば、相手はその内容に耳を傾けてくれる」と考えがちです。

「おトクな話だから、興味を持って聞いてくれるはず」
「おもしろい話だから、喜んでくれるはず」
「必要な情報だから、理解してくれるはず」

しかし、ここには大きな誤解があります。あなたも聞き手として、もしくは話し手として、こんな場面に遭遇したことがあるのではないでしょうか。

●商談の席で「すごくおトクな商品を紹介しますね」と切り出し、いきなりパンフレッ

トを取り出してしまう営業パーソンに出くわし、押し付けがましいなと感じた
●飲み会の席で「すごくおもしろい話があってさ」と語り出す友人がいて、「自分で会話のハードルを上げてくるな」と身構えた
●打ち合わせで淡々と手元の書類の要点だけを読み上げて、「よろしくお願いします」で締めくくる同僚に、「要点だけ言われてもわからないんだけど」と不満を持った

もし、聞き手としてその場にいれば、「話せば、伝わるわけじゃないのに……」と相手の配慮のなさに興醒めした気持ちになることでしょう。逆に、あなた自身がこんな話し手になっていた場合、うまく意図や思いが伝わらない状況に苛立ちや戸惑いを感じて、困っているはずです。

「話せば、伝わる」
「話せば、相手は耳を傾け、理解してくれる」

そう思い込んでしまっている人は少なくありません。
しかし、そう思い込んだままで、どれだけ話し手が熱心に語りかけても、聞き手の心は

動きません。
なぜなら、相手の「ニーズ」に合っていないからです。

一方的な「おトクな話」「おもしろい話」「必要な情報」のいずれも、話し手にとっての「おトク」であり、「おもしろい」であり、「必要」であるにすぎません。それらが、聞き手が求めているものかどうかはまだわかりません。それを確かめもせずに、ぐいぐい語りかける人は、信頼されるどころか、敬遠されてしまいます。

**こうした行き違いを避けるために必要なことが、『聞き手』のニーズに興味・関心を持つ」こと。**あなたがこれから話をしようとしている相手は、どんな価値観を持ち、何を求めてこの場にいるのかについて解像度を上げながら推測していきます。

これが信頼を築くための1つ目の原則です。

## ■相手が話を聞きたい理由と目的はどこにあるのか?

駿台時代、生徒との信頼関係を築くのが上手な講師と、そうではない講師がいました。

駿台で教え始めた頃の私は完全に後者で、空回りしている自分に気づきつつも、何が問題なのかをうまく把握できずにいました。

問題がどこにあるのかわからないものの、現状のままでは講師としての契約を更新してもらえないかもしれないということは感じていました。予備校講師の世界は完全な競争社会です。生徒から信頼を得られない講師は脱落していかざるを得ません。

そんな危機感から、さまざまな試みをしました。お笑い芸人のトークを集めたＤＶＤを買い込み、タレントさんどうしのやりとりを研究して話術を磨こうとしたり、講義の合間に〝化学あるある〟のおもしろエピソードを挟み込んで笑いを取ろうとしたり、生徒の実力が伸びるようにと膨大な宿題を出してみたり。しかし今思えば、それらはどれも、生徒の信頼を失う方向の努力でした。

結局、自分の努力では状況を好転させることができなかった私は、信頼関係を築くのが上手な講師たちの講義を聞き、話し方を観察し、研究することにしました。

冒頭のつかみのトークが巧みなのか。それとも教え方に意外性があるのか。そんな視点でしばらく観察を続けるうち、私は自分が２つの勘違いをしていたことに気づきました。

**１つ目の勘違いは、私が担当している化学という学問を学ぶことは「楽しい」という前提で話をしていたこと**です。

**2つ目の勘違いは、講師である自分は受講してくれる生徒たちに「好かれるべきだ」と考えていたこと**でした。

予備校は学校とは違います。ここで講義を受ける受験生たちの唯一にして、最大の目的は志望の大学に合格する力を身につけることです。楽しいから化学を学びたいわけでも、人柄のいい先生と仲良くしたいわけでもありません。

何の意味があるのかよくわからない元素記号を覚えなければいけないフラストレーションを抱えながらも、志望する学部に入るために化学の試験を受ける必要があるから勉強する。将来の実生活で役立つのかどうかわからないけど、合格点に達したいから方程式を覚える。そんなシブシブ感を、私も受験生だったとき、同じように感じていたはずです。

ところが、講義をする側になったことで、自分の教える化学には価値があり、教える自分にも価値を見出してもらいたいと思うようになっていました。

その結果、聞き手のニーズを見失い、「化学は楽しいよ」「私は授業で宿題もしっかり出す真面目な講師だよ」と話し手の価値観を押し付けていました。でも、話す内容を決めるとき、最も重要なのは聞き手のニーズに興味・関心を持ち、目を向けることなのです。

これはビジネスシーンにも当てはまります。自社で開発した製品やサービスに対しては、どうしても思い入れが強くなってしまうものです。

すると、その製品やサービスを売るときには「この製品はすばらしいんです」「このサービスを超えるものはありません」と話し手の価値観が先行し、聞き手を置いてきぼりにしてしまうことがあります。

聞き手の話を聞く目的をおろそかにして、**話し手の価値観を押し付けてしまうと、「この人はわかってくれない」という第一印象が形成されます。**すると、次回以降、同じ話し手がどれだけ挽回しようとがんばっても、その言葉は相手の心に届かずに空回りしてしまうのです。

## ■聞き手から出た疑問や質問はニーズを知るヒントになる

受験生は人生のキャリアの一歩を踏み出すため、予備校の教室に足を運び、講師の前に座ってくれています。彼らのニーズは、志望する大学に合格するための力を手に入れることであり、その助けとなる講義をしてくれる講師に出会うことです。

**生徒との信頼を結ぶのが上手な講師は、そのニーズをよく理解していました。**ですから、初回の講義のときにはっきりとしたメッセージを発していたのです。

教える教科にかかわらず、彼らが生徒に伝えていたのは、3点です。

**●これから自分が行う講義は、志望校に合格するために必要な点数が取れる内容であること**
**●過去の入試の出題傾向を分析して、受験に役立つ内容を確実に伝えていくこと**
**●講師である自分もかつては受験生で、不安や苛立ちの多い1年を共に歩むパートナーであること**

**この3つを伝えることで講義を受ける生徒たちの講師に対する第一印象は、「この人はわかってくれている」に変わります。**信頼関係を築く土台ができるわけです。

そして、より生徒からの信頼の厚い講師はこの3つにプラスして、講義の前後の振る舞いに特徴がありました。

それは**生徒からの質問に対して懇切丁寧に答える姿勢**です。

講義の後の教室や講師室で質問にくる生徒はある程度、勇気を振り絞って講師に話しかけにきます。その気持ちをしっかりと受け止めて、1つ1つの質問に真摯《しんし》に答えていくのです。

基本的に予備校講師の報酬は授業のコマ単位で計算されるので、質問に対応する時間をボランティアと捉える講師もいます。しかし、信頼関係を築くのが上手な講師は、質問に答える1対1でのやりとりを通して、「生徒の今」をじっくり観察します。

授業のどんなところで疑問を持つのか。勉強をするうえで抱えている悩みの種類は変化しているのか。つまずくポイントは今も昔も変わらないのか。変わっているのなら、どういう違いが生じているのか。

**単なる質問への対応だけで済ませるのではなく、懇切丁寧なやりとりを通して聞き手のニーズを探っていきます。**この努力をしていないと、どんなベテラン講師でも生徒との間にある感覚のギャップが広がってしまうのです。

## ■エピソードは、聞き手の共感を誘うために語る

信頼関係を築くのが上手な講師を観察し、自分なりに重要なポイントを整理した私は、入社3年目から講義のやり方を変えました。特に気をつけたのは、4月の初回講義です。「はじめまして」と出会う生徒たちに向けて、次のようなエピソードを必ず語るようにしました。

「ボクは、じつは現役で志望校に受からなくって、浪人したんだよね」
「浪人時代はここ（駿台）に通っていて、化学の偏差値は35程度だった」
「ボクは化学が苦手で嫌いだったけど、どうしても受験で必要だった。そこで、できるかぎり化学を勉強する時間を削減しながら、でも、点数は取れる勉強の仕方を徹底的に追求したんだ。結果的に、化学の偏差値は70を超えるまでになった。そこで身につけたノウハウを、これからの1年でキミたちに出し惜しみなく伝えていくね。自分の学力がバカ伸びしていくことをぜひ楽しんでほしいな」

実際、私が化学を好きになったのは、効率よく勉強して解ける問題が増え始めてからでした。解ける問題が増えたことで得意科目になり、最終的に好きになっていったのです。それは、苦手だった自分が必死で効率的な勉強法を探っていったから。つまり、誰でもやり方さえ変えれば、苦手を克服し、志望する大学の合格ラインに達する学力を身につけられるということです。

予備校の教室にやってきたばかりの受験生が不安に感じていることに応えつつ、自分と彼ら彼女らとの共通点を明らかにして、共感を得ながら1年のスタートを切っていく。このアプローチに変えた年から、講義を聞く生徒たちの姿勢が大きく変化したのを実感しました。

## ■聞き手のニーズを探るための2つのリサーチ法

予備校講師は一般の仕事に比べて、特別な環境にいます。

毎年、聞き手である受験生が教室に集まり、講師側の心がけ次第でコミュニケーションを取る機会――つまり、聞き手のニーズを探るチャンス――はいくらでもあるわけです。また、予備校の場合、集まっている生徒のニーズは「志望校に合格したい」という1つの方向に向かっています。

しかし、世の中の多くの人が携わっている仕事では、聞き手側が自ら質問をしにきてくれるなんてことはほとんどありませんし、求めているニーズもバラバラです。

そんな条件の中で、**聞き手のニーズを探るには、話し手が意識的に動く必要があります。**とはいえ、何か特別なテクニックが求められるわけではありません。

聞き手のニーズを知るには、「直接的」と「間接的」の2つのリサーチが有効です。

## ❶直接的なリサーチ

「将来、どんな仕事をしたいと思っていますか？」

「どんな成果を出せば、自分の中で満足できますか？」

「今までやってきた仕事の中で、一番やりがいあったと感じたのはどんなときですか？」

「私が協力できそうなことって、どんなことですかね？」

「ぶっちゃけ、何を聞きたいですか？」


聞き手が求めていることをダイレクトに質問し、聞き取りすること。これが直接的なリサーチです。恥ずかしがらず、遠慮することなく聞いてしまいましょう。

それが、話し手と聞き手の間に信頼を築く最短距離となります。

さらに、直接聞くことができるメリットとして、「掘り下げることができる」があります。


「具体的には？」

「本心ではどうなんですか？」

このように、突っ込んだ質問をできるのが、直接リサーチするメリットです。

## ❷間接的なリサーチ

初めてのクライアントとの商談や、「はじめまして」の相手が集まるセミナーなど、事前に密なコミュニケーションが取れない場合は、間接的なリサーチが役立ちます。

相手企業のホームページや相手個人のＳＮＳや周囲の人の意見などをチェックして、価値観を探ります。どんな理念を持っているのか。どんな本を読んでいるのか。どんな人物を慕っているのか。失敗談を明かしているタイプなのかどうか。

企業のホームページに「イノベーション」のようなキーワードが散りばめられていたら「保守的な提案よりも革新的な提案のほうが喜ばれそう」とか、ＳＮＳで『ハーバード・ビジネス・レビュー』のような本を読んだことを投稿していたら「ビジネスの現場でもアカデミックな知見を大事にする人かも」などと推測します。

あくまでも間接的なリサーチで得た情報ですが、それでも調べられるだけ調べておけば、対面したときに相手のニーズに興味を持ち、掘り下げる助けとなります。

**信頼は、聞き手が知っていること・知らないことを知り、話し手の感じている不安や不**

**足を取り除いたときに生まれます**。ですから、聞き手の知らないことに興味を持つことが最重要です。なぜならそこに、聞き手のニーズが眠っている可能性があるからです。

ニーズは知らなければ、満たすことができません。そして、ニーズを満たせる可能性を高める仕掛けを自分から施《ほどこ》していくことで、聞き手と話し手の間に信頼関係を築きやすくなるのです。

【POINT】

●聞き手のニーズに興味・関心を持つことで、話を聞いてもらえるようになる。
●話し手の価値観を押し付けても、「この人はわかってくれない」となるだけ。
●聞き手のニーズを探りだすには、直接的リサーチと間接的リサーチを使い分ける。

## 》原則 2

# 「自分」をわかりやすく説明する

聞き手と話し手を結ぶ信頼関係が重要なのは、「何を言われたか」ではなく、「〃誰に〃何を言われたか」が重視されるからです。**聞き手となったとき、誰もが無意識のうちに「どんな人が話しているのか」によって話の価値を判断します。**

特に初対面の相手から話を聞くとき、聞き手は「この人は誰なんだろう?」「どんな人なんだろう?」という疑問や不安を感じています。

たとえば、あなたがかかりつけ医の紹介状を手に大学病院の医師の診察を受けるとしましょう。

担当することになった医師が観察眼に優れ、治療薬の選択が確かなプロだったとしても、診察中、彼がずっとモニターに向かい、電子カルテを打ち込み、一度もあなたと目を合わせなかったとしたら、どう感じるでしょうか?

あなたは「無視された」「雑に扱われた」と感じ、診察の結果にも納得できず、不安を抱えたまま診察室を出ることになるはずです。

医師の立場からすると、あなたは毎日、診断している多くの患者のひとりに過ぎず、いつもと変わらない対応をした感覚かもしれません。しかし、信頼関係が築かれていない初診の段階で、紹介状を読まれ、淡々とした症状の聞き取りがあり、診察が終わってしまったら、かかりつけ医からの「いい先生だから」という言葉も霞《かす》んでしまいます。

もし、大学病院の医師が最初にこんなふうに話したら、印象が大きく変わったことでしょう。

「○○先生からの紹介ですね。□□さんの病気に関して、うちの病院は経験豊富なスタッフがいます。私も専門医として何例も診てきました。今、一番不安に感じていることを教えていただけますか？」

言葉にしてしまえば十数秒ですが、ここには大切な2つのポイントがカバーされています。それは医師が持っている専門性の紹介と患者の不安に寄り添おうとする姿勢です。

枕となる、わずか十数秒の話があるだけで、あなたは医師の人となりを感じ取り、診察に対して感じていた不安が減っていくのを実感します。それは「誰に何を言われたか」の「誰」がはっきりと姿形を現すからです。

信頼を築く原則2の「『自分』をわかりやすく説明する」では、まさにこの「誰」の部分をケアする自己紹介について解説します。

聞き手の感じている不安と警戒を取り除き、話を聞く体勢を整えてもらうため、最低限話し手が伝えていくべき情報について解説します。

## ■話し手が「誰」であるかをストレートに伝える2つのポイント

話し手であるあなたがどんな人なのか。聞き手にコンパクトかつ、わかりやすく伝えるためのポイントは、2つあります。

①キャラクター(人間性)

↓ あなたの人間性であり、あなたが信頼に足る人物かどうかのアピールになる

②コンテンツ(知識やスキル)

↓ 知識やスキルに直接ひもづくものであり、あなたの話が聞き手にとってどんな「トク」になるのかを伝える役割を担う

大切なのは、誰かに話をする前に付け焼き刃で準備するのではなく、事前に2つのポイントを押さえた自己紹介文をつくっておくこと。

箇条書きでもかまわないので、300〜1000文字の自己紹介文をまとめておきましょう。すると、実際にあなたが話し手となるとき、聞き手や話をする状況に合わせて自己紹介にまとめ直すことができ、便利です。

たとえば、予備校講師という文脈での私の場合、キャラクターには……

●授業はわかりやすくて当たり前。どんなにいい授業をしても、受からせなきゃ予備校講師としては失格、が信条

●どんな冷めた生徒でも勉強のやる気が引き出される、漫画の『ONE PIECE』のルフィのようなポジティブさが売り

コンテンツには……

●業界最難関といわれている駿台予備学校の採用試験に当時、化学科最年少の25歳で一

発合格

●生徒を合格させることをとことん追求したその講義で、偏差値30台からでも国公立大・早慶理科大をはじめとする難関大学に合格する受講生を多数輩出

●化学がまったくできない生徒も身につけることができる、受験の王道をいく本質的解法テクニックを提供できる

といった内容が入ります。

しかし、これは予備校講師としての対受験生向けの自己紹介を切り取ったものです。

著者としての顔で対編集者向け、研修講師としての顔で対ビジネスパーソン向けであれば、当然、内容は異なってきます。

**聞き手が変われば、話し手に求められる信頼の要素も変わります。**その変化に対応できる自己紹介を用意するイメージを持って、あなたなりのポイントを書き出し、聞き手の「この人は誰？」に対処していきましょう。

## ■あなたが持っている「キャラクター」を整理する

人間は、「自分の知らない人」、「自分にはよくわからない人」を警戒したり、冷たく接したりする性質があります。これは「ザイアンス効果」と呼ばれるもので、アメリカの社会心理学者のロバート・ザイアンスが提唱したものです。

あなたが初めて会う人たちに向けて話し手となるときは、大前提として「他人は自分を信頼していない」というスタンスで話を始めるようにしましょう。

とはいえ、警戒されたままではあなたの本当の良さも伝わりません。そこで役立つのが「キャラクター」と「コンテンツ」を盛り込んだ自己紹介です。

**聞き手の関心を引き出す自己紹介ができれば、相手の警戒心は低くなり、最終的には「この人は誰？」という不安も打ち消すことができます。**

語るべきポイントを「キャラクター」と「コンテンツ」に分けて解説していきます。

「キャラクター」で聞き手に伝えるのは、「あなたが信頼に足る人物だ」と感じてもらうための情報です。たとえば、次のようなものがあります。

**●自分の「キャラクター」を伝える情報**

●あなたはどんな価値観を持っているか

●あなたはどんな動機から話し手として語ろうとしているのか

たとえば、「自分で整えないと気が済まない几帳面なキャラ」を伝えたいとき、「私って、公衆トイレのトイレットペーパー、いつも三角に折ってから出るんです」「アパレルショップに行ったとき、クシャクシャになった洋服、店員さんでもないのにいつも畳んでしまうんです」などのエピソードを話します。そうすることで、仕事においても目に付いたものはしっかり自分で整えていくといった「几帳面なキャラ」を伝えることができます。

**●自分のキャラクターから生まれる「ミッション（使命）」を伝える情報**

●あなたは聞き手に何をどう伝えることをミッションとしているか

●あなたが許せない聞き手の行為はどのようなものか

どんな考えに基づき、聞き手に役立つ「コンテンツ（話の中身）」を話そうとしているのかを整理しましょう。たとえば、私が自己紹介として最初に生徒たちに伝える「ミッション」は、こんな内容です。

「この教室にいる全員を第一志望の大学に合格させるのが、ボクの使命だと思っている」

大切なのは、生徒が直接イメージしやすい目標や場面と絡めて話すこと。「第一志望の大学に全員を合格させるのがボクの使命」という言葉は、受験生とつながることができます。歯の浮くようなセリフだったとしても、本心を伝えることが重要です。

**「キャラクター」も「コンテンツ」も、聞き手に合わせて伝える内容を調整していきましょう。**

ちなみに、個人的な想いだけでミッションを語ると、私は「日本の教育を変えたい」「大人の学び直しの機会やシステムをもっと普及させたい」といった想いも持っています。「日本の教育を変えたい」という想いと「第一志望の大学に全員を合格させるのがボクの使命」という想いは、私の中で密接につながっています。

でも、「日本の教育を変えたい」という想いを受験生に話しても、生徒たちにとってイメージするのは難しいでしょう。自分との関連が想像できないミッションを語られても、「この人は何を言っているんだろう?」という状態になってしまうからです。

## ■話すべき「キャラクター」や「ミッション」がまとまらないときは?

話すべき「キャラクター」や「ミッション」の要素がうまく出てこない場合は、次のような質問を自分に投げかけてみてください。

**●話すべき「キャラクター」や「ミッション」を見つけるための質問**

- ●今、興味・関心を持っている出来事は?
- ●人間関係で、どんなときにうれしさを感じる?
- ●人にされることで、これだけは許せないと思うことは?
- ●5年後に命を落とすとしたら、今、絶対にやっておきたいことは?

1つ1つの答えが、あなたの「キャラクター」や「ミッション」を形づくる重要な要素だと気づくはずです。

## ■話し手の人間性を伝えると、心理的な距離が一気に縮まる

また、**聞き手にあなたのことを伝えるときは、過去の自分を踏まえた形で話すと効果的**です。「○○があったからこそ、今はこんな価値観を持ち、こんなミッションを果たそうとしています」というふうに。

**過去の経験が今のあなたとつながっていることを聞き手が理解できると、あなたの「キャラクター」をイメージしやすくなる**のです。

駿台予備学校は待遇も悪くなく、講師として大いに成長させてもらいました。それでも駿台を退職したのは、一律の内容を多人数に伝達するだけの一斉講義を対面で行うことは、今の時代、逆に非効率だったり、教育の質の低下を招いたりするのではないか。そんな疑問が拭えなくなったからです。

このように過去を踏まえた理由づけをすることで、「今の私がどんなキャラクターか」がイメージしやすくなったのではないでしょうか。

人間は何らかの動機があって、行動を起こします。そして、取った行動を振り返り、次の行動に向かいます。ですから、**動機について、飾らず、嘘をつかずに語ることは、話し手の人間性を色濃く伝えることになる**のです。これを心理学の世界では「自己呈示《ていじ》」といいます。

「あの人は、そんなふうに考えるのか」「待遇よりも自分のやりたいことを大事にする姿勢は、共感できる」など、話し手の人間性を深く知ったと感じると心理的な距離が一気に縮まります。

**人は「相手の人間的側面を知ったとき、好意を持つ」のです。**心理学者のジョーンズとワートマンによると、自己呈示により相手に好意を抱いてもらうことを「好意獲得」といいます。

これが「誰に何を言われたか」の「誰」が重要な意味を持つ理由の１つです。

## ■自分の「コンテンツ」を整理する

**「コンテンツ」で伝えたいのは、あなたが聞き手に提供できる知識やスキルです。**

聞き手が「この人の話は自分の役に立つかも」「今、悩んでいる問題を解決するヒントになるかも」「聞いておいたほうがトクかも」と興味・関心を抱くフックになる情報を盛り込みましょう。たとえば、次のようなものです。

**●自分という「コンテンツ」を伝える情報**

●あなたが聞き手に提供できる専門知識
●あなたが持っているスキル
●聞き手が信頼できそうと感じじるこれまでの実績
●あなたが聞き手のために用意できるもの

ここで注意したいのは、**肩書や職種よりも、「職能」（その職業に固有の機能）を語ること**です。

「長年、講師業を務めてきました」よりも「講師として培ってきたアカデミックな専門知識があり、それをわかりやすく説明できます」と機能に焦点を当てて伝えることで、聞き手にとってあなたの話の役立ち感が具体的になっていきます。

## ■あなたの話の何が聞き手に役立つのかをイメージしてもらう

また、話し手であるあなたの実績を伝えることは、**相手に話す内容への安心感、期待感を生み出す効果があります。**

たとえば、私は生徒への自己紹介では、こんな実績を盛り込むようにしています。

「私は予備校講師として、これまで東京大学に５００人以上、医学部には２０００人以上合格させてきました」

「偏差値40台の生徒が、１年後に東京大学に合格したことも、文系出身の生徒を医学部に合格させたこともあります」

そのうえで、「私は1年間の講義を通して、キミたちが志望する大学に合格するために必要な、化学の学力を身につけられるノウハウを伝えることができます」と自己紹介を終えるのです。

**実績を伝えるときに注意したいのは、語りすぎない**ことです。

あれもやった、これもやった、どうだ、すごいだろう！　という自慢話になってしまうと聞き手との間に溝が生じます。実績アピールが自慢になってしまった途端、聞き手の反応は「だから、何？」「私とどう関係があるの？」と引いてしまうからです。

実績に関して必要以上に多くを語る必要はありません。

「少ないかもな」と思う程度にポイントを絞り、話の締めくくりを相手のメリットに着地させれば「この人には、話に耳を傾けてみるだけの実績がある」という印象が残ります。

**話し手の「コンテンツ」がきちんと伝わると、聞き手は「自分にとって意味がありそうだから、時間を使ってでも話を聞こうかな」と思うようになります。**

つまり、先ほどお話しした「ザイアンス効果」が弱まります。相手に自分を正しく知ってもらうことで、相手からの攻撃的・批判的な反応を回避するのです。

会う回数が増えれば増えるほど、警戒心が解かれ、相手に好意を持つようになります。この単純な心の働きを味方につけるためにも、「コンテンツ」をしっかりと話す必要があります。その結果として聞き手に与えた好印象が、聞き手が話し手の話す内容を信頼する土台にもなるのです。

【POINT】

●「自分」をわかりやすく説明するには、「キャラクター」と「コンテンツ」が必要。
●キャラクターで信頼に足る人物であることをアピールし、コンテンツで聞き手にとってどんな「トク」になるのかを伝える。
●話し手の人間性を伝え、心理的な距離を縮める。

》原則 3

# 「聞き手」と「自分」の間に架け橋をかける

聞き手のニーズに興味・関心を持つこと。そして、話し手であるあなたは、それに応えられる「キャラクター」であり、「コンテンツ」を持っていると伝えること。

原則1と原則2を実践すると、聞き手はあなたの話が役に立ちそうだと期待し、この人の話すことに耳を傾けてみようかと考え始めます。

**続く原則3の『聞き手』と『自分に』の間に架け橋をかける」では、聞き手の心との間に「誠実さ」という名の架け橋をかけていきます。聞く準備を整えてもらう仕上げのステップです。**

「私を騙《だま》すようなことは言わない気がする」

「この人の話に嘘はなさそう」

「安心して聞いても大丈夫そう」

聞き手にそんな印象を抱いてもらうことを目指します。では、どのような要素を伝えると、聞き手に「誠実さ」が伝わるのでしょうか。

３つのポイントがあります。

**●話し手の「誠実さ」が伝わる3つの要素**

①事実を伝える（66ページ）

↓ 数字や固有名詞、情報源を明らかにする。憶測は憶測であることを示す

②相手にとってのデメリットやリスクを伝える（70ページ）

↓ 耳の痛い不利（デメリット、リスク、コスト）を隠さずに伝える

③逃げない（73ページ）

↓ どんな場面でも、真摯にコミュニケーションを取る

これから順番に解説していきますが、この３つは単なるテクニックではありません。「誠実さ」を伝えるための大事な心構えでもあるのです。

そして、３つの要素を成り立たせるためには、前提条件が１つあります。

それは、**話し手自身が聞き手を信用し、本心を話す**ことです。

予備校講師の私は必ず生徒に「あなたが合格してくれたら、本当にうれしい」と伝えています。教える立場の人間が面と向かって若者にそう伝えるのは、気恥ずかしいものです。でもやはり、合格を報告する生徒の笑顔ほど喜ばしいものはありません。

原則2の「キャラクター」とも重なりますが、自分自身を動かしている原動力――つまり、何を想いながら聞き手とかかわっているのかという本心――を話すことは、聞き手の不安や警戒を打ち消す強いエネルギーとなります。

話し手は「自分は本心から話しているのだ」という意識を持って、聞き手と向き合いましょう。それが「誠実さ」を感じ取ってもらう第一歩となります。

## 「事実を伝える」が誠実さの基本

嘘のない事実を語ることは、聞き手に話し手の誠実さを伝えます。

なぜなら、そこには話し手の実力や仕事への取り組み方が如実に示されるからです。

少し長くなりますが、私が初めての講義のときに伝えている「事実」のエピソードを1つ紹介します。

「去年、キミたちと同じ席に座っていた生徒から初めての講義の後、『どうしても私大の医学部に行きたい』と相談を受けたことがあってさ。彼の偏差値は40。1ヶ月後、ボクは彼の勉強の仕方や模試の答案を通して見えてきた弱点と補うための方法をアドバイスしたんだ。

基礎の強化、計算問題の対処法、覚えるべき知識の整理の仕方。特別な能力が必要な勉強方法ではない。ただ、彼に合うように、やるべきことを整理しただけなんだよね。

先に結果を明かしてしまうと、1年後、彼は志望校を含めて3つの大学の医学部に合格。いい笑顔を見せてくれたんだ。

ボクはキミたちに受かるためのノウハウを伝えることができる。それをキミたちが実践できれば、今の偏差値がいくつでも道は必ず開けるよ」

**事実ベースのエピソードの強みは、聞き手がそこに自分自身を投影してイメージを膨らますことができる点にあります。**

生徒たちは、偏差値40から医学部に合格した去年の生徒の姿に自分を重ねるわけです。するとその後に始まる非常に地味で基礎的な化学の授業に対しても、「この地味な内容も血肉になるのだ」と考え、耳を傾けるようになります。

これは事実を語ったことで、聞き手の中に話し手への期待が膨らんだからです。

## ■話し手の主観に偏った伝え方を事実ベースで言い換える

事実を伝えるときは、主観的な表現を避け、事実であることを明確にして話すのがコツです。特に形容詞の使い方に注意しましょう。

**●主観的な表現の言い換え例**

●「この問題は難しい」→「センター試験で9割正解を求める東大レベルを目指すなら解けなくちゃいけないけど、7割正解で受かる大学を受験するならできなくても問題ないよ」

●「一生懸命、模試をつくったよ」→「センター試験が開始された1990年からすべて解いて、傾向を分析。それをベースにして、今度の模試をつくった」

●「がんばれば、できるよ」→「1日30分、5ページずつ読み進めれば、資格試験対策は十分間に合うよ」

### ●「詳しい関係筋によると」→「現地に足を運んで現場担当者から直接仕入れた情報によると」

形容詞や副詞を主体とした伝え方は、話し手の主観的な表現になってしまいがちです。だからこそ、客観性の高い事実ベースに言い換えます。

たとえば、「難しい問題」を「センター試験で9割正解を求めるなら必要、7割なら不必要」と定義することで、解けるよう時間をかけて対策すべきかどうかがはっきりします。あるいは、「がんばれば」を「1日30分、5ページずつ」と定めることで、やるべきことが明確になります。

事実ベースで言い換えることで、話の内容が具体的になるわけです。

また、「一生懸命」を「センター試験が開始された1990年からすべて分析」、「詳しい関係筋」を「現地に足を運んで現場担当者から」と説明すると、話し手がどれだけ聞き手のことを考え、コストをかけて準備してくれたかが明らかになります。

いずれにしても、事実ベースでの語りは、聞き手に対して、話し手の誠意を示す効果が生まれるのです。

## ■話し手が悪者になりかねない「相手のデメリット」も伝える

人は誰しも悪者にはなりたくありません。話し手は聞き手にとって心地のいい話だけをして、好かれたいと思うものです。

しかし、**どんな物事にもメリットの裏側にはデメリットがあります。**

たとえば、商品のメリットばかりを並べ立て、疑問点を聞いても真正面から答えようとせずに、また別のメリットをアピールし始める営業パーソンがいたとして、あなたはその人から物を買いたいと思うでしょうか？

デメリットはデメリットとしてきちんと説明してもらったうえで、「デメリットを上回るこれだけのメリットがあります」と話す人のほうが誠実な印象を受けますよね。

聞き手との間に信頼を築くには、距離を取られてしまうかもしれないリスクを背負いながらもデメリットを語る必要があります。

**特にデメリットが大きいときほど、早めに伝えるべきです。**私は冬期講習会など、特別な講座の前には「この講座は基本ができていない子には合わない。レベルが高い内容を話すから、『基礎をクリアしている』と思う人だけ受講してください」と話していました。

集客や売り上げという意味では「誰でも大丈夫」「どんな学力レベルの子にも絶対必

要」と公言したほうが効果的です。しかし、それで基礎のできていない生徒が講座に参加したら、身にならなかったり、自信を失ったりするのは目に見えています。

結果的に、講座の内容についてこれないのをわかったうえで集客する講師は、自信を失った生徒本人のみならず、受講する他の生徒からの信頼も失うことになるのです。

それはリスクの説明なしに、メリットだけを顧客に強調して株や投資信託を売る営業担当者のようなもの。後から別のルートでその金融商品の抱えているデメリットが明らかになれば、顧客の信頼は一気に吹き飛びます。

話し手は自身のデメリットになることでも、聞き手のためになるのであれば、先に伝えるようにしましょう。

その結果、一時的に悪者と思われてしまったとしても、聞き手が望む成果を出すため、成長を促すために必要な情報であれば、いずれは話し手の誠意と真意が伝わるときがきます。なぜなら、**「誠実さ」は、短期的に自分の利益を取りにいくのではなく、中長期的に「相手のことを優先する姿勢」の表れ**だからです。

## ■耳の痛い話をするときは解決方法も合わせて伝える

私も予備校講師になりたての頃は、生徒の人気を失うリスクを恐れて、生徒自身にとって耳の痛い話はできるだけしないようにしていました。効果が低そうな勉強法にこだわっている生徒がいても、「がんばっているね」とだけ声をかけていたのです。

たとえば、テキストの問題を隅から隅まで解き切ろうとする生徒がいます。本人は完璧主義でがんばっています。でも、その努力の仕方は受験対策として非効率的です。仕事の場では、いいプレゼンをするための資料集めに全力を出し、肝心のプレゼン自体は準備不足で本番に臨むことになるといった働き方をしてしまう人がいます。がんばりが無駄遣いになっている状態。それを指摘するのは、話し手としてもしんどいことですし、聞かされる本人にもダメージがあるでしょう。

しかし、そのやり方を放置していると、生徒の学力が伸びません。志望校への合格という成果も出なくなります。

話し手が耳の痛いことを指摘してあげないまま、時が過ぎてしまったことで、中長期的には本人がツライ思いをすることになるわけです。

ならば、話したときは短期的に嫌われるリスクがあっても、真実を伝えるほうが聞き手の役に立ちます。

なお、**聞き手にとって耳の痛い話をするときは、対処法もセットで話すことが重要です。**

たとえば、完璧主義から無駄な努力をしてしまっている生徒には、「入試は１００点満点でなくても合格するよ」と指摘します。

そのうえで、「問題集を解いていてわからない難問とぶつかったとき、立ち止まる必要はない。わからないまま飛ばしてしまえばいい。同じ問題集を3周くらいして、最終的に正答率を80％台に持ってくれば問題ない。ゴール地点で１００％が必要ないように、そのプロセスでも１００％を目指す必要はないよ」と伝えるのです。

相手の痛いところを指摘するときは、その解決方法も合わせて伝えること。この組み合わせを心がけていれば、一気に聞き手の気持ちを惹きつけることが可能です。

## ■問題を解決できなくても、逃げない

先程、聞き手と話し手の信頼関係を築くのが上手な講師は、生徒からの質問に対して真

摯に応えることを、相手のニーズを探るチャンスに変えていたと書きました。

これは、話し手側から見た、真摯な対応を行うメリットです。一方で、真摯な対応を受ける聞き手側にとっては、そういった話し手の姿勢から誠実さを感じ取ります。

駿台時代を振り返ると、私も生徒たちからたくさんの質問を受けてきました。もちろん、受験勉強に関することが大半でしたが、なかには「そんなことでも悩むものか……」と驚いた相談もありました。

たとえば、講義の合間の雑談で「日中に仮眠をとることは脳の機能を休ませ、勉強に役立つ」という話をしました。これに反応し、授業後に講師室にやってきて「先生、私、仮眠が全然うまくできなくて……」と目に涙を浮かべた女子生徒がいました。

他にもあります。中高が男子校で浪人して予備校に入ったら、たくさんの女子がいた。隣に女子が座っているだけで勉強に集中できない。話しかけるのも、話しかけられるのも怖い。そんな悩みを打ち明けてくれた男子生徒もいました。

逆に、「すごくタイプの女の子が同じ授業を受けていて、その子が視野に入ると勉強が手につかない。どうにかする方法はないですか?」と質問してきた男子生徒もいました。

いずれにしても、「そんなの知らないよ……」と逃げたくなるような相談です。

仮眠方法であれば、ある程度の科学的なアドバイスもできます。でも、女性恐怖症や恋

### 図表3 セミナーなどで質問をしてくれた人への対応例

**Step 1 挙手した聞き手に、お礼を言う**

例「いい質問をありがとうございます」
「最初に手を挙げるのは緊張すると思いますが、的を射た質問で大変助かります」

---

**Step 2 「We」の質問へと言い換える**

例「質問の意図は○○だと捉えましたが、合っていますか？」
「他の方々にも関係のある素晴らしい質問ですね」

---

**Step 3 全体に向けて質問の回答をする**

---

**Step 4 挙手してくれた聞き手に対して、「答えになっているか」の確認をする**

例「今の回答で質問の答えになっていますか？」

愛相談は、一化学《いち》講師として答えられる枠を超えています。

それでも、きちんと話を聞いて、ひとりの人間として本気で向き合うこと。恋愛相談には「それくらい人を好きになれるのはいいことだよ。1年間がんばっている姿をその人に見せつけたらどうかな」と励まします。女子が怖いという生徒には「消しゴムを借りるところから始めてみたら？」と伝えました。この手の話が苦手な私の精一杯の解決策を提示しました。

適切なアドバイスであったかは定かではありませんが、**大事なのは相談に来てくれた相手が「自分に時間を使ってくれた」「真剣に聞いてくれた」と感じること**です。

同じことはセミナーや会議など、1対多でコミュニケーションを取る場面でも言えます。もしそういったシチュエーションであなたが話し手となったとき、こんな対応を心がけることで「誠実さ」を示すことができます。

たとえば、「質問がある方は挙手してください」「何か質問はありませんか？」と呼びかけ、手を挙げて質問してくれた聞き手に対して前ページの図表3のように対応します。

**大切なのは、相談にやってきた生徒や、挙手してくれた人の真剣さと真正面から向き合うこと。**多少めんどうくさいと思ったとしても、相手とのコミュニケーションから逃げないことです。仮に、問題を解決できる答えを示すことができなくても、話し手が真摯に応えたことは、「誠実さ」として確実に聞き手の心に残ります。

【POINT】

●話し手の「誠実さ」を伝えることで、聞き手に安心してもらい、聞く準備を整えてもらう。
●誠実さを伝えるには、「事実」を伝え、「デメリット」も伝え、逃げない。
●デメリットを語るときは、対処法もセットで話すとよい。

How to Sperk

# 誠実さが「2人をつなぐ架け橋」になる

ここまで「会話以前の信頼関係を築く原則」を解説してきました。

**信頼は、「聞き手の中にある未知に対する不安や恐怖」を取り除いたときに生まれます。**聞き手の不安や恐怖に気づくには、聞き手が相手のニーズに興味・関心を持つことが必要不可欠です。そのうえで、相手がリスクを恐れているなら、そのリスクを具体化し、解決方法を示すこと。やる気が出ないなど、メンタル面に問題を抱えているなら打開策を提案していくこと。

そこで役立つのが、話し手の持つ「コンテンツ」であり、それを聞き手が信じて受け入れる土台となる「キャラクター」です。

そして、話し手の誠実さは、聞き手が「この人は私に役立つ話をしてくれそうだ」という期待感を持ち、耳を傾ける準備を整える橋渡し役を担います。

もう一度、会話以前の信頼関係を築く3原則を振り返っておきましょう。

**原則1：「聞き手」のニーズに興味・関心を持つ**
**原則2：「自分」をわかりやすく説明する**
**原則3：「聞き手」と「自分」の間に架け橋をかける**

原則1で**「聞き手の現在地点」**を知り、原則2で**「話し手から自己紹介」**を行い、原則3の誠実さが**「2人をつなぐ架け橋」**となります。

この3つの原則を心がけ、実践することで、話し手として聞き手との間に信頼感が育まれます。つまり、本来であれば長い時間をかけて培われる信頼関係をスムーズに築くことができるのです。

以上の仕組みを知ったことで、あなたの中に優れた評判を生むための話し方――つまり、ファンを増やす話し方――の土台が整いました。次章から**「情緒的ベネフィット」「機能的ベネフィット」**という2つの切り口で、**聞き手の心を動かし、行動を促しながら、聞き手をあなたのファンに変えていくノウハウ**をお伝えしていきます。

## 1章のまとめ

### 3原則で、話し手と聞き手の間に信頼関係をつくる

- 聞き手の心を動かし、新たな行動を引き出すには、土台となる信頼関係が必要不可欠。
- 3つの原則を意識するだけで、第一印象を「信頼できる人」に変えられる。

### 原則1：「聞き手」のニーズに興味・関心を持つ

- 話し手の価値観を押し付けてしまうと、「この人はわかってくれない」という第一印象が形成される。
- 直接的と間接的、2つのリサーチ法を使って、聞き手のニーズを探りだそう。

### 原則2：「自分」をわかりやすく説明する

- 「キャラクター」と「コンテンツ」を伝えよう。
- 信頼に足る人物であることをアピールするのが、キャラクター。
- 聞き手にとってどんな「トク」になるのかを伝えるのが、コンテンツ。

### 原則3：「聞き手」と「自分」の間に架け橋をかける

- 「事実」を伝え、「デメリット」も伝え、逃げない。そうすれば、誠実さは伝わる。
- 聞き手に安心感を抱いてもらい、聞く準備を整えてもらおう。

### 誠実さは「話し手と聞き手をつなぐ架け橋」

- 原則1で「聞き手の現在地点」を知り、原則2で「話し手から自己紹介」を行い、原則3の「誠実さ」が2人をつなぐ架け橋となる。

# 2章

# 聞き手の心を動かす3つのコツ

# 優れた評判に欠かせない「情緒的ベネフィット」と「機能的ベネフィット」

これからお伝えするのは、あなたの目の前にいる聞き手の心を動かし、聞き手の行動を促すための具体的な話し方のノウハウです。これはフェイス・トゥ・フェイスでコミュニケーションを取るすべての人に対して効果があります。

たとえば、毎日、会社で顔を合わせる上司や同僚や部下、取引先の人たち。趣味や学びを通してつながっているコミュニティの仲間たち。私の場合で言えば、教壇から語りかけている多くの生徒たちです。

## ■評判をデザインし、話し手に対する信頼度を上げる

信頼関係という土台の上に話し方のノウハウを乗せることで、あなたの語る内容が相手の記憶に残り、「あの人の話は役立つ」「あの人の話をもっと聞きたい」といった評判を生

**むようになります。**

信頼し始めている話し手から聞いた心に響く話、役立つ話、おもしろい話。そこで受けたポジティブな印象によって、聞き手は話し手をますます信頼するようになります。そして、自分の友人や家族に評判を語り始めます。

今の時代、評判は評判を呼びます。あなたが伝えたメッセージ、そこから受けた印象はSNSなどへの書き込みによって、聞き手とつながりのある、より多くの人へと広がっていくことでしょう。

つまり、フェイス・トゥ・フェイスで話した聞き手の心が動くことで、彼ら彼女らは他の誰かに話し手の評判を語るという行動を起こしてくれるのです。その結果として、口コミが広がり、より多くのファンを獲得できるようになります。

2章と3章でお伝えする話し方のノウハウは、言い方を変えると**「話し手であるあなたが優れた評判を得るための『評判のデザイン』の方法」**です（図表4）。

フェイス・トゥ・フェイスであなたの話に耳を傾けてくる聞き手に対して、どんな話し方をすると、話し手をますます信頼し、口コミしたくなるのか。私は多くの人たちを相手に話してきた経験をもとに、この疑問を突き詰め、**優れた評判を生むために不可欠な2つのポイント**を見出しました。

## 図表4 「評判のデザイン」で目指すステップ

### Step 1 目の前の人をファンにする

ファンに
なります！
話し手
聞き手 A

### Step 2 話の内容がいい評判として、口コミで広がる

あの人
すごく
いいよ！
へ〜〜
聞き手 A
聞き手 B

### Step 3 会ったことのない人もファンになる

あの……
ファン
です！
話し手
聞き手 B

それが、話し方の鍵となる「情緒的ベネフィット」と「機能的ベネフィット」です。

## ■2つのベネフィットの違いは、聞き手のリアクションに表れる

「ベネフィット（Benefit）」とは、聞き手が話の内容から受ける恩恵や良い効果のこと。
具体的なイメージが湧くよう、私の予備校での講座を受けた後、生徒たちが残してくれた感想をいくつか紹介します。

「先生の講座を受けて、勉強やる気になった」
「化学のテストへの不安がなくなった」
「意外と化学っておもしろいかもと感じた」
「先生の講座を受けたら、化学の問題が解けるようになった」
「夏期講習の後、化学の点数がすげえ上がった」
「講座を受けて半年後には志望校の合格圏に入っていた」

ありがたい感想ばかりですが、じつは前半の３つと後半の３つでは聞き手である生徒た

ちが受け取ったベネフィットが異なっています。


「先生の講座を受けて、勉強やる気になった」

「化学のテストへの不安がなくなった」

「意外と化学っておもしろいかもと感じた」

この**前半の3つは「情緒的ベネフィット」に当てはまります。**


そして、**後半の3つは「機能的ベネフィット」です。**

「先生の講座を受けたら、化学の問題が解けるようになった」

「夏期講習の後、化学の点数がすげえ上がった」

「講座を受けて半年後には志望校の合格圏に入っていた」


**2つのベネフィットの違いは、聞き手のリアクションに表れます。**

「情緒的ベネフィット」は聞き手の心に作用します。話を聞いた結果、やる気が高まるのです。

話し手の言葉によって聞き手の心が動かされたとき、「すごい」「お

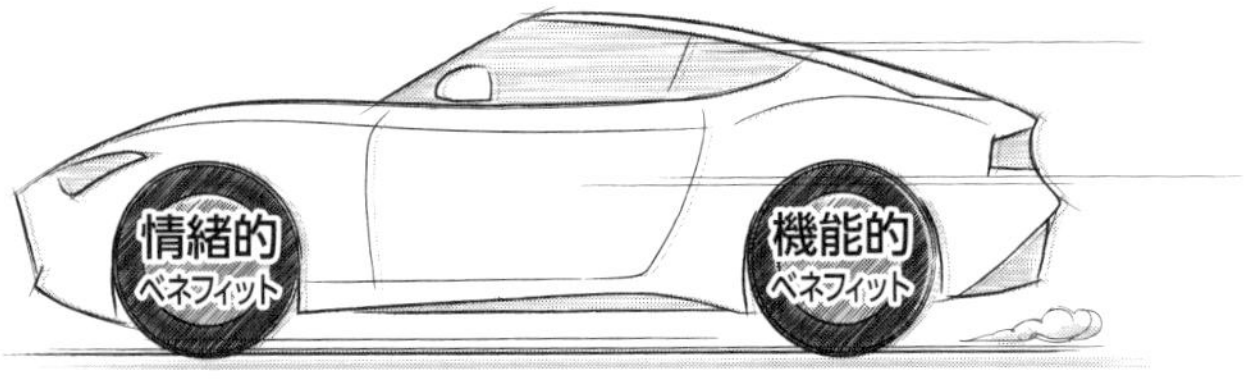

もしろかった」「楽しかった」「ワクワクした」「安心できた」など、話を聞いた経験そのものが価値を持ちます。

「あの先輩と食事に行くと元気がもらえる」
「同僚のAさんと話していると気持ちが楽になる」
「あなたの話を聞いていると、明日もがんばるかって気持ちになる」

「情緒的ベネフィット」で心が動くと、聞き手は話し手を高く評価し、いい評判を他の誰かに広めたいという気持ちになります。

しかし、「あの人の話はおもしろい」「聞くとやる気が出る」では、目の前で話を聞いていなかった人にはピンときません。聞き手の心を動かすことは非常に価値のある成果ですが、聞き手の行動を促すという意味ではもうひとがんばりが必要になります。

そのがんばりを担ってくれるのが、「機能的ベネフィット」です。

## ■聞き手からの評価が上がり、口コミで優れた評判が広がる

「機能的ベネフィット」がきちんと盛り込まれた話し方ができているかどうかは、聞き手が話を聞いたことによって得た具体的な効果、効能、恩恵を言葉にできるかどうかでわかります。

「先輩に教えてもらった朝のルーティンを試したら、集中力が上がった」
「同僚のAさんの物事の見方を取り入れたら、上司にムカつかなくなってきた」
「あなたが実践していると言っていた自分の問題と他人の問題を分けて考える『課題の分離』って考え方、ストレスが減って気が楽になるね」

**「機能的ベネフィット」となるのは、聞いた人にとって役立つ情報、すぐに試して効果が得られるやり方、取り組む手順を含めた実践方法など、言葉にし、数字で示せるような内容です。**

これを話の中に盛り込むと、聞き手からの評価が上がるだけでなく、優れた評判が口コ

ミとなって広がりやすくなります。

私の講義を聞いた生徒であれば、「化学の模試の点数が急上昇した」「志望校の合格圏に入ることができた」「難しいと感じていた問題の解き方が身についた」などが、「機能的ベネフィット」によって立つ評判と言えます。

理想的な流れとしては、私の話の「情緒的ベネフィット」で心が動かされ、「先生の講義を聞くとやる気が出るな……」と感じた生徒が、「何でやる気が出るんだろう？」と考え――。

そこで、「今までわからなかった問題の解き方がわかるようになるから、やる気が出るんだ」と「機能的ベネフィット」に気づき、学校の友達に「マジで、あの先生の講義を受けると難問の解き方がすぐわかるんだよ。解けるとやる気、出てくるんだよね」と伝えてくれる――。

つまり、「情緒的ベネフィット」で聞き手の心を動かし、「こんなふうに役立つ話だった」と「機能的ベネフィット」を言葉として伝えてもらうことで、**話し手の優れた評判が大きく広がっていくのです。**

## ■生み出したい評判から逆算して話し方を組み立てる

周囲からの優れた評判を得たいと願うなら、自分の話が聞き手にどう伝わり、そこからどんなふうに広がっていくかをイメージしましょう。

聞き手があなたの「どの部分」にベネフィットを感じ、「どんな言葉」で第三者に伝えてくれるのか。**話し手が「どう口コミされたいか」を想定しながら話すと、評判をデザインしていくことができる**のです。

駿台時代、ある程度、生徒を集めることができる講師になってきた私は、ある口コミが広がっていくよう心がけて話すようにしていました。

それは「化学の問題をすぐに解けるようにしてくれる、熱心な先生だよ」という評判です。そのためには、どんな「情緒的ベネフィット」と「機能的ベネフィット」を話に盛り込むべきか。逆算して考え、話し方を組み立てていくことで自分の評判をデザインしていったのです。

**図表5　聞き手の心を動かす3つのコツ**

**コツ1　希少性を演出する**(⇒93ページ)

**コツ2　相手に合わせたエピソードを語る**(⇒108ページ)

**コツ3　満足感を提供する**(⇒125ページ)

●情緒的ベネフィット
　↓　心が動く、やる気が出る
●機能的ベネフィット
　↓　良い効果、恩恵が言語化される

ここからは「情緒的ベネフィット」と「機能的ベネフィット」の２つを盛り込んだ話し方のノウハウを具体的に解説していきます。

**活用していく順序としては、「情緒的ベネフィット」によって聞き手の心を動かし、その後に「機能的ベネフィット」で成果を得てもらうという流れが理想的。**つまり、目の前にいる相手の心を動かし、そのうえで、あなたが提供できる機能を伝えていくわけです。

そこで、まずは話の中に「情緒的ベネフィット」を盛り込むコツ（聞き手の心を動かすコツ）

を3つ紹介していきます（図表5）。「機能的ベネフィット」についてのコツは、3章で紹介します。

【POINT】

- 聞き手の心を動かし、好意的な評価を得るには、「情緒的ベネフィット」が欠かせない。
- 情緒的ベネフィットを提供できたかどうかは、「すごい」「おもしろかった」「ワクワクした」「安心できた」などといった感想が聞き手から出てくるかどうかでわかる。

》コツ１

# 希少性を演出する

話の中に「情緒的ベネフィット」を盛り込む1つ目のコツは、希少性です。

私たちは「手に入らないかもしれないもの」「残り少ないもの」「限定されたもの」に魅力を感じます。こうした心の動きは、行動経済学や心理学の世界で「希少性の原理」と呼ばれ、多くの実験や調査で確かめられています。

**人は「希少性がある」と感じると、思い切った判断・行動をしてしまう**のです。その背景には、「手に入りにくいものは、それが重要な何かに違いないと考える」「自分がそれを手に入れるチャンスを失うことを恐れてしまう」といった理由があります。

根底にあるのは、「競争心理」です。

希少性があると感じた何かを手に入れられないと、周囲の人よりも不利な状況になってしまうかもしれない。そう不安に思うのは、価値ある希少な何かを手に入れたライバルは

## 図表6 希少性で情緒的ベネフィットを高める仕掛け

- 「秘密」を共有し、仲間意識を醸成する(⇒95 ページ)
- 「裏話」を信頼感の向上にもつなげる(⇒97 ページ)
- 「ツァイガルニク効果」を活用する(⇒99 ページ)
- オリジナルのキーワードを散りばめる(⇒102 ページ)
- 「心理的リアクタンス」で希少価値に気づかせる(⇒104 ページ)

自分よりも優位に立つと感じるからです。

そんな希少性の原理を使った仕掛けは、世の中にたくさんあります。

店頭で「残り○台限り」と数量を限定するポップ広告。

オンラインショップからのメールに書かれた「24時間限定セール」と時間の制限をしたセールのお知らせ。

ホテル予約サイトの画面に表示される「今、○人がこの宿を見ています」「○分前に予約されました」といったアラートは、他にその商品を欲しがっているライバルの存在を感じさせます。

いずれも異なるアプローチで扱う商品や購入機会の希少性を訴えることで、私たちの注目を引き寄せているのです。

同じ手法は、話し方でも使えます。

**レアな話は人を惹きつけ、聞いてみたい、欲しい、手に入れたいなど、やる気と行動を促すきっかけとなります。**つまり、希少性は、情緒的ベネフィットを高める仕掛けとなるのです。

ここでは「希少性で情緒的ベネフィットを高める仕掛け」として、明日からすぐに応用可能な5つのやり方を紹介します（図表6）。

## ■仕掛け①：「秘密」を共有し、仲間意識を醸成する

「キミたちにしか教えられないことなんだけど……」

「この講義を受けている人だけに限定で先出しすると……」

予備校の教室は、数十人の生徒が集まる閉じた空間です。

学校とは違い、生徒たちは講師を選ぶことができます。講義がつまらない、成果が出ない、なんとなく気に入らないとなれば、生徒たちは同じ講座を担当する別の講師の教室へと移っていくわけです。

**競争原理が働く仕組みの中で、私がよく使っていたのが希少性の演出方法の1つである「秘密」の共有でした。**

ただ、秘密といっても大げさなものではありません。話のテーマは、夏期講習会のスケジュール。予備校の外の人からすれば、「何それ?」という情報です。

しかし、予備校に通う生徒にとって「夏期講習会、どうする?」「どの先生の講座を取る?」という会話は大事な娯楽。そんな夏期講習会のスケジュールは4月の下旬にパンフレットで配布されるのが通例でした(今はネット上でも同時期に公表されます)。

私は、その約1ヶ月前の3月下旬、春期講習会を受けてくれた生徒たちにだけ、「まだ公になっていないけど、ボクの夏期講習会の担当授業を伝えるね」と「限定」で「先出し」していました。もちろん、上司の許可は取ってのことです。

他の講座の生徒よりも先に秘密の情報を手に入れた彼らの間には、秘密を共有した者どうしとして仲間意識が芽生えます。つまり、コミュニティの結束が固くなり、「夏もこの仲間と一緒に勉強したい」という意識が自然と高まるわけです。

これは、予備校の教室という小さなコミュニティの中でこそ通用する「希少性の演出」のように思えるかもしれません。

でも、考えてみてください。

あなたの働く組織でも、人事異動の前には内々の情報が流れることはありませんか？

参加している趣味のコミュニティで、些細《ささい》な情報が価値あるものとして扱われる場面に出くわしたことはありませんか？

業界の異なる人に会ったとき、「業界の外ではあまり知られていない話みたいなんですが……」と切り出したら、相手が興味津々といった様子で前のめりになった経験はありませんか？

**あなたにとっては当たり前のような情報でも、聞き手にとっては希少なものであるケースは多々あります。**

その秘密を共有することで、聞き手はあなたにシンパシーを感じ、「トクをした」「打ち明けてもらった」「もっと知りたい」といった情緒的ベネフィットを感じるのです。

## ■仕掛け②：「裏話」を信頼感の向上にもつなげる

「一般的には知られていないんですが、あの製品のヒットには裏話があって……」

「今日、集まってくださった方だけにとっておきの裏話を。ＳＮＳには書き込まないでくださいね」

講演などで、そんなふうに話を切り出すと聞き手がワクワクし始めるのを感じます。裏話は、好奇心を刺激するのです。

現場で働いているからこそ見えてくる舞台裏、多くの人が知っている出来事についてあなただからこそ語ることのできる経験談など、**裏話には聞き手を惹きつける希少性があります。**駿台講師時代、生徒に「この講師の講義をまた聞きたい」と思ってもらうため、話していたのが「模擬試験作成の裏話」でした。

駿台予備学校の模試は問題の難易度、本番対策としての有効度から学校関係者を中心に高い評価を受けていました。そんな模試がどのようにしてつくられているのか。その舞台裏を明かしていくのです。

たとえば、「センター試験の模擬試験をつくるときは、講師が○人がかりでつくるんだ。作成会議の前後にボクは過去のセンター試験の問題すべてチェックして、出題パターンを改めて分析。何年おきにこのパターンの問題が出題される……といった傾向を踏まえて、毎年のプレテスト（模擬試験）をつくっているんだ」などと、模試そのものの価値が上がる内容に絞って暴露します。

すると、生徒たちは「おお！」と好反応を見せてくれます。ただ、冷静に考えてみると、模試作成の裏話を聞いたところで本人のテストの点数が伸びるわけではありません。

それでも「いい情報を聞けた！」「そんな模試なら全力で取り組もう！」という反応を返してくれます。講師に気持ちが傾くのは、好奇心を満たされた喜びにプラスして、「裏話をできるほど、現場をよく知っている人なんだ」と感じてくれるから。

つまり、**裏話をすることは、話そのものの希少性で聞き手を惹きつけるだけでなく、希少な話ができる人という意味で話し手の信頼感を高めてくれる**わけです。

話し手にとっては当たり前のことに思える仕事の舞台裏について、改めて語ってみましょう。聞き手は「いい情報を聞けた！」と思いの外、喜んでくれるはずです。

## ■仕掛け③：「ツァイガルニク効果」を活用する

「今話した解法は入試で2番目によく使う解き方なんだ。1番よく使う解法は、休憩を挟んだこの次の講義で教えるから」

「今日の講義はこの途中で終わりだけど、この先がじつは一番重要だから、来週じっくり話すね」

「今回は時間の都合で詳しく話せないけど、このテーマは夏期講習会で深掘りしていくからね」

これは化学の講義での例ですが、聞き手に「この人の話には、まだ続きがあるな」「話の先が気になる」「1番よく使う解法って何だろう」「引き出しがまだまだありそう」と思わせるのも、意図的に希少性を感じてもらう仕掛けです。

バラエティ番組を見ていて、芸人さんのおもしろい話がCMで中断され、「続きが気になる！」となったり、いいところで終わってしまうテレビドラマにモヤモヤしたりする経験があると思います。そして、**続きが知りたいと思う事柄ほど鮮明に記憶に残るもの。こうした現象は認知心理学の世界で「ツァイガルニク効果」と呼ばれています。**

ツァイガルニクは旧ソ連の心理学者の名前で、「達成した課題よりも、達成されなかったことや中断されていることをよく覚えている」という人間の記憶の仕組みを実証したことで歴史に名を残した人物です。

たとえば、中途半端なままにしている宿題や仕事、途中で切り上げて家を出てしまった家事、もう少しで親密になれそうだった異性、「これから核心へ！」というところで次巻に続いてしまった漫画……など。

私たちは「続きをやらなきゃ！」「あれ、どうなるんだろう？」といった情報の奥行きを感じたまま、「待て」の状態にされてしまうと、その物事に強く注意を向けるようになります。

この仕組みをよく理解してつくられているのが、テレビの連続ドラマの次回予告や映画の予告編です。1分にも満たない短時間の中に登場キャラクターの魅力的なシーンや次なるストーリー展開を感じさせる情報が、ぎゅっと濃縮されています。

当然、予告だけでドラマや映画のすべてがわかるわけではありません。

しかし、きちんとつくられた予告にはワクワクさせる期待感があり、ときには本編よりも印象に強く残ることもあります。

テレビの連続ドラマは基本的に1週間に1回の放送です。その間、私たちは仕事をし、プライベートのさまざまな雑事をこなし、他のドラマも見ているのに、不思議と前回のストーリーを忘れません。

「1週間前の昼ごはんは何だった？」と聞かれてもすぐには思い出せませんが、前の週のドラマのストーリーはすぐに思い出すことができるのです。これは私たちが未完の断片である予告に触れているからこそ。そこで得た情報の奥行きが気になり、想像をかき立てられ、本編そのものの記憶も強化されるのです。


**話し手となったときは、一度にすべての情報を説明しきらなくていいことを思い出して**

**ください。**むしろ、語るべき内容の一部を残し、余韻を持たせた形で話を切り上げるほうが聞き手の好奇心をくすぐります。

語られなかった情報の奥行きが希少性となり、「続きが聞きたい」「もっと知りたい」という情緒的ベネフィットを促すのです。

## ■仕掛け④：「オリジナルのキーワード」を散りばめる

あなたには学生時代、あだ名がありましたか？

仲間内だけで通じるギャグやキーワードはありましたか？

あるいは、今、働いている職場にはスタッフの間でだけ使われる隠語や略語、業界用語がありませんか？

じつは、属しているコミュニティの中だけで通じる言葉を共有することには、深い意味があります。

**心理学の世界では「内集団ひいき性」や「内集団バイアス」と呼ばれますが、私たちは自分の属しているコミュニティを高く評価し、その仲間をひいき目に評価する一方で、コミュニティの外側の人にはきつく当たる傾向があります。**

あだ名やギャグであれば、そのあだ名やギャグが通じる相手がいる範囲内が内集団です。その範囲がクラス全員なのか、クラスの一部なのか、部室で顔を合わせる同級生だけなのかには個人差があるものの、「ここまでが気を許せる仲間」という線引きの内と外では振る舞いも違っていたはずです。

一方、職場で使われる隠語や略語には内と外を意図的に区別するための線引きとしても使われています。お客さんと従業員、事務方や現場方など、枠をつくることで仲間意識を高めることができるからです。

いずれにしろ、内と外の線引きをすることで自分の属しているコミュニティに大きな価値や希少性を感じるようになるのです。

少しあざといと思われるような仕掛けですが、こうした心の動きを味方につけることで話し手の価値を高めることができます。具体的には話し手と聞き手の間だけで通じる「コミュニティ用語」をつくるのです。

たとえば、私は冬期講習会に「差がつく化学解法の総仕上げ」というタイトルのオリジナル講座をつくり、略して「差がつく」と紹介していました。すると、生徒たちの間では「今度の〝差がつく〟、取る？」「うん」といった会話が交わされます。

また、化学の中和滴定の問題を解く際に「線分図」と名付けた図解ツールを用い、「この問題は線分図を書くと、化学が苦手な人でも一瞬で計算できちゃうよ」といった解説もしていました。

その結果、「差がつく」や「線分図」が通じる生徒は犬塚の講義を通してつながった「仲間」となり、そのコミュニティに属していることに希少価値を感じてくれるようになったのです。

ここで大事なのは、「差がつく」も「線分図」も使ってみればしっかり成果につながること。**「コミュニティ用語」をただただつくっても、役に立つ、おもしろいといった効能がなければ定着しません。**

優れた効果があるから、「あの先生の線分図、マジで解けるよ」「何それ？　教えて！」と広まっていくのです。

## ■仕掛け⑤：「心理的リアクタンス」で希少価値に気づかせる

**人は、これまで簡単に手に入ると思っていたものを「入手する自由が制限された」と感じたとき、その価値をより大きく感じるようになります。**また、当たり前のように行使していた自由が制限されると、当たり前だった日常がいかに尊いものだったのか思い知るのです。

私たちの心にこうした性質があることを、新型コロナウイルスの流行で多くの人が実感したのではないでしょうか。

認知心理学の世界では、こうした心の動きを**「心理的リアクタンス」**と呼んでいます。提唱したのはアメリカの心理学者ジャック・ブレーム。彼は1966年に、この概念を「人は自由を制限されると、反発し、より自由に執着する」という言葉とともに明らかにしました。

この「心理的リアクタンス」は、その仕組みを理解したうえで活用すると、希少性の演出に役立ちます。

たとえば、私は通常の講義で毎回、生徒たちに化学のプリント教材を配布していました。手前味噌ですが、講義内容を濃縮してまとめ、即受験対策に活用できる質の高いプリント教材です。

ただ、講義に出れば毎回もらえるので、生徒にとってはいつしか「もらって当たり前のもの」になっていきます。ところが夏期講習会や冬期講習会などに参加しなかった生徒は、そこでプリントがもらえない事実に気づくわけです。

夏期講習会や冬期講習会では、そこで配布されるプリントは講座を受講した生徒のみ手に入れることができます。受講しなかった生徒はもらえません。すると、「プリントだけは講習会を受講していなくても、もらえるものだと思っていた……」と、ある種の反発心を抱き、プリントを手に入れる自由を回復させることに執着するのです。つまり、講習会限定のプリントをなんとしても入手したいと思う意欲が高まります。

季節講習会を自分で宣伝ＰＲするときには、心理的リアクタンスが生まれるような希少性を必ず伝えるようにしています。

講習会に参加した生徒の学力は伸びていて、焦りも感じるのでしょう。こうして通常講義で配布していたプリント教材の希少性が上がるだけでなく、夏期講習会、冬期講習会といった特別講座そのものの価値も高まり、受講する生徒が増えていったのです。

予備校講師の世界は、学校と違い、生徒が先生を選ぶことができます。イニシアチブは生徒にあり、人気講師になるには、いかに選んでもらえるかの努力を続けていくしかありません。私にとって、「心理的リアクタンス」が入った希少性の演出は欠くことのできない営業努力だったのです。

ここまで5つの仕掛けを紹介しましたが、**こうした「希少性の仕掛け」を話の冒頭や序盤に入れることで、聞き手の聞きたい気持ちを高める効果が期待できます。**

【POINT】

●希少性を演出すれば、聞き手の聞きたい気持ちを高められる。

●すぐに使える仕掛けは5つ。

仕掛け①：「秘密」を共有する。

仕掛け②：「裏話」をする。

仕掛け③：話の続きが気になる「ツァイガルニク効果」を活用する。

仕掛け④：「オリジナルのキーワード」を散りばめる。

仕掛け⑤：制限された自由の価値を高く感じる「心理的リアクタンス」を刺激する。

》コツ 2

## 相手に合わせたエピソードを語る

話の中に「情緒的ベネフィット」を盛り込む2つ目のコツは、「相手に合わせたエピソードを語る」です。

うまくいくと、退屈そうにしていた聞き手が態度を変え、耳を傾け始める瞬間を目にすることができます。どうしてそんな変化が起きるかというと、**相手に合わせたエピソードには聞き手と話し手の間に関係性を築く力がある**からです。

たとえば、駿台時代、私は初めて講義をする生徒たちには必ずその子たちに合わせた過去の教え子のエピソードを話すようにしていました。

「去年のこのクラスの生徒で……」

「以前、化学が嫌いなわけでないいんだけど、苦手にしている生徒がいて……」

こんなふうにエピソードを切り出すと、下を向いていた生徒たちの顔がパッと上がり、「何？　何？」といった表情に変わります。

「この話は自分と関係があるかも」と感じたことで、聞く体勢が整ったからです。

**エピソードを語ることには、1章の原則1でも触れたとおり、聞き手の共感を誘う効果があります。その力は相手のニーズに合わせたエピソードであればあるほど、強くなります。**

なぜなら、話の中身そのものと聞き手の関係性が強化されるからです。

これは予備校の教室でも、あなたの仕事の現場でも変わりません。関係性の強化がなければ、聞き手の聞く準備が整わず、話の内容が伝わっていかない場面が出てきます。

話し手が「すばらしい内容だから」と自負し、重要だと思うポイントを語り、参考にしてもらいたい価値観を提示しても、聞き手の心のドアが閉じていれば伝わりません。

今の仕事を続けることがしんどいと思っている人には、「じつは、私も何度も会社を辞めようと思ったんです。でも、それでも続けた理由というのは……」のような、相手のニーズに合わせたエピソードから切り込みます。

つまり、話の冒頭で「相手に合わせたエピソードを語る」のは、聞き手の心のドアをノックすることになるのです。

## ■聞き手に合わせてエピソードをチューニングしていく

もちろん、ただただエピソードを語るだけでは物足りません。あなたの持っている知識、経験を聞き手が必要だと思うようにチューニングするのがコツです。それが関係性の強化になる「相手に合わせたエピソード」になるのです。

たとえば、「話し方のコツ」を伝える場面で「情緒的ベネフィット」の重要性を説明するとしましょう。私はここまで予備校の生徒との会話のエピソードを紹介してきましたが、受験を経験せずに社会を出た人には今ひとつ響いていないかもしれません。

それでもこんなふうに伝え方をチューニングすることで、聞き手の興味・関心を引き出すことができます。

「話し方にはコツがあります。

そう言われても、あなたは『もともと、技術職だし、今はリモートワーク中心だから、営業職でもない自分には関係ない』と思うかもしれません。

でも、違います。

これから紹介する『情緒的ベネフィット』というものを話し方に入れられるようになると、あなたと上司、あなたと家族、あなたと恋人、あなたと子どもたち、すべての人とのコミュニケーションが変わります。周囲の人があなたの言葉に耳を傾けてくれるようになり、求めていることを実行してくれるようになるのです。

話し方のコツは雑談のコツではありません。プライベートをも円滑に、豊かにする万能のスキルなのです」

これから話そうとしている内容が、どれだけ聞き手であるあなたと関連しているか。相手にチューニングしたエピソードは話し手への興味と関心を引き出します。

その後に具体的な効能を伝える「機能的ベネフィット」を盛り込むことで、聞き手のモチベーションが高まっていくのです。「機能的ベネフィット」は3章で詳しく解説します。

## ■話し始める前に、エピソードと聞き手のつながりを想像する

「去年のこのクラスの生徒で……」

「以前、化学が嫌いなわけでないんだけど、苦手にしている生徒がいて……」

こう切り出した後、その生徒がどう変化していったのか。**ネガティブな状態がポジティブに変化していく「ストーリー」にして語ると、聞き手の心にこのような印象が植え付けられます。**なお、エピソード（挿話）とは、事実ベースの出来事そのものですが、ストーリー（物語）はエピソードという素材を何らかの意図を伝えようとまとめたものです。

「去年のクラスの生徒は、あの学習法を試してうまくいったんだ」
「化学が苦手だった生徒でも、この講座で点数が伸びたのか」

生徒たちは自分との関連を感じるエピソードを聞くことで、「この先生の講座は役に立ちそうだ」と思い始めます。このステップがとても重要で、誰かに何かを伝え、ファンになってもらおうとするとき、「自分は正しい」「誰々は間違っている」といったメッセージは必要ありません。

**話し手が大事にすべきなのは、「これから言うことは、あなたにこれこれこういうふうに役立ちますよ」というサンプル（相手に合わせたエピソード）を話の中に盛り込むことです。**

この人の話を聞き、実践したら「簡単にできそうだ」「いいことがありそうだ」というイメージが浮かんだ途端、聞き手は動き出します。

「どんなエピソードを語ったら、聞き手は『この話は自分に関係していそう』『この先がもっと聞きたい』と思うかな?」

話し始める前に、自分が伝えたい意図を自問自答する習慣をつけていきましょう。

## ■「ストーリーテリング」で、聞き手の記憶に刻み込む

「好きなテレビドラマや映画について教えてください」と聞かれたら、あなたはどう答えますか?

1本に絞り込むことに悩んでも、好きな作品について語るのは苦ではないはずです。主人公の魅力、心に残っているシーン、どんな状況で初めてその作品に触れたのか……など、記憶は鮮明で、伝えたいたくさんのことが次々と思い出されてくるのではないでしょうか。

一方、「役に立ったニュースについて教えてください」と聞かれたら、どうでしょう。

思い浮かぶニュースはあるかもしれません。しかし、誰かに語って聞かせたいほどの「大ニュース」を選び出すのは骨の折れる作業になるはずです。

この大きな違いは、そこにストーリー性があるかどうか、あるいはストーリーが重要視されているかどうかによって決まります。

応援したくなる主人公が登場し、行く手を阻む困難や苦労があり、ポジティブな読後感が残るゴールにたどり着く。ドラマや映画でなくても、成功した起業家、発明家のドキュメンタリーがおもしろいのは、起伏のあるストーリーがそこに潜んでいるからです。

少しだけ逸れますが、私が初めて人にすすめられて読んだビジネス書は『ユダヤ人大富豪の教え――幸せな金持ちになる17の秘訣』（本田健、大和書房）でした。ストーリー仕立てで、するすると著者のメッセージが頭に入ってきました。気づくと友人にも「この本、主人公がユダヤ人の大富豪にこんな難題を課されて、こんなふうにクリアしていって、めっちゃおもしろかったよ」と、半ばネタバレ的に口コミしてしまっていました。

私たちの脳には、物語を聞くと、登場人物の関係や時系列、物事の流れをセットで覚えようとする力が備わっているそうです。

**記憶に関する研究でも、ストーリーがある説明を聞いた場合と数字と記号を暗記するだけの訓練では、記憶できる情報の量と質に大きな開きが出ることがわかっています。**つまり、**共感できるエピソードにストーリー性が加わると、一気に聞き手の心を惹きつけることができる**のです。

ですから、私は駿台での講義のとき、次回への引きをつくるため、こんなストーリーを話すようにしていました。

「来月から夏休みだね。ところで、キミたちは勉強の計画を立ててる？　じつは去年、この教室で学んでいたAくんは夏休みに大きな挫折を経験したんだよね。事前に立てた勉強計画が綿密すぎて、逆にすべてが中途半端になってしまったんだ。

次回は夏休み直前の講義だから、彼が犯してしまった失敗を回避するための勉強法について話すね」

自分に関連のある身近な主人公、夏休みの勉強計画と挫折、志望校合格の実話。そして、その結果につながった勉強の仕方というノウハウ……。**発するメッセージをストーリー仕立てにすることを「ストーリーテリング」と呼びます。**

短い話の中に、聞き手である受験生の興味を引く項目を散りばめ、1本の物語に。つまり、「相手に合わせたエピソードを語る」をより魅力的なものにするため、ストーリーの力を借りていたのです。

## ■効果的なストーリーをつくる7つの切り口

相手に合わせたエピソードにストーリー性を加えること。ストーリーテリングを行い、物語としてのおもしろさに磨きをかけることによって、次の2つの効果が期待できます。

①聞き手に記憶してもらいやすくなる
②聞き手に共感してもらいやすくなる

この2つは「情緒的ベネフィット」を盛り込んだ話し方を意識するとき、どちらも重要です。**記憶してもらいやすい伝え方にはストーリーがあり、共感してもらいやすい話し方にもストーリーがあります。**

そもそも相手に合わせたエピソードである時点で、聞き手は「自分に関係のある話なのでは?」と期待します。そこにわかりやすいストーリーが加わることで、自分と似た登場人物に共感し、物語の展開に自分を重ね合わせやすくなるのです。

たとえば、夏を迎える前に私から「去年、同じ教室で学んでいた受験生のAくん」のエピソードを聞かされた生徒は、Aくんと自分を重ねます。

「来月から夏休みだ。勉強の計画は自分なりに立てているけど、実際のところ、みんなはどうなのかな？　犬塚先生の話だと、詰め込み過ぎはダメみたい。でも、受験の天王山と言われる夏休みで挫折しても巻き返せる方法があるって言っているしな。どんな勉強の仕方なら、うまくいくのかな。次の講義もしっかり聞こう」

結果、聞き手の情緒的ベネフィットが高まるわけです。このようにストーリーを加え、効果的なエピソード・トークとするためには、次の切り口を意識しましょう。

**●効果的なストーリーをつくる7つの切り口**

●相手（聞き手）に合わせたエピソードであること
●主人公が聞き手に近い立場であること
●登場人物が少なく、時系列が整理されたシンプルなストーリーであること

●主人公が達成したいと思っている目標があること
●ストーリーの中に主人公の失敗、立ちはだかる壁（ピンチ）が盛り込まれていること
●主人公は失敗や立ちはだかる壁（ピンチ）にどう対処したのか？
●主人公の達成したこととそこから聞き手が学べる教訓は何か？

物語には、聞き手の心を動かす強い力があります。

しかし、エピソードを使ってストーリー仕立てにして語るのは、なかなか難しいことでもあります。そこで、あなたの話したいエピソードという、いわばストーリーのための食材をストーリー仕立てにするための簡単な調理法を紹介します。

それは**失敗談を本音で語る**ことです。そうすることでメッセージ性が強くなるのです。

## ■失敗談やカッコ悪い話を単なる「雑談」にしない3つのポイント

**あなた自身が体験した失敗談は、聞き手の共感を呼ぶストーリーになります。**

ただし、「いや、昔、こんな失敗をしちゃってね」と失敗したエピソードを明かすだけでは、残念ながらストーリーになりません。大切なのは、「その失敗にどう向き合い、何

を学び、どんな結果に結びついたか」を必ず盛り込むことです。

たとえば、予備校の生徒に向けて「先生は高校3年生の春、化学の偏差値30台だったんだよ」と話せば、聞き手の興味や関心を引き出し、安心感を与えることができるでしょう。

しかし、私が引き出したいのは、聞き手である生徒のやる気であり、積極的に勉強へ取り組むという行動です。

そのスイッチとなる「情緒的ベネフィット」が盛り込まれたエピソードにするためには、失敗談というエピソードをストーリーに仕立てていく必要があります。

「キミたちの前でこんなに偉そうに話しているボクも、じつは高校3年生のときの化学の偏差値は30台だったんだ」

「なぜうまくいかないか……を探ったら、周りの人に比べて納得するまでに時間がかかって、物事の理解が遅いことがわかったんだよね。でも、一度身につけたらそうそう忘れないことにも気づいたんだ。この長所を生かしてどうにか短期間で得点を上げる方法はないものかと徹底的に考えたんだ。そこで見つけた方法で勉強をしていった結果、1年足らずでどうにか偏差値70を超えるまでになれた」

「ゆっくりでも確実に理解できる自分なりの方法をつくっていった結果、最終的には、東大の入試よりも難しいとされている駿台予備学校の採用試験に最年少で受かることができた。だから、今の偏差値関係なしに、必ず学力は上げることができると確信を持って言えるんだ」

このように、失敗したエピソードに次の3つのポイントを加えれば、あなたの失敗談は1つのストーリーに変わっていきます。

### ●失敗談を単なる「雑談」にしない3つのポイント

●失敗との向き合い方
●失敗からの学び
●失敗の先にあった結果

「偏差値30台→偏差値70超→東大の入試よりも難しい採用試験を最年少合格」というストーリーは、インパクトを与えるというだけでなく、生徒に可能性を感じてもらえるようにするためにも話すようにしていました。

自慢をしたいからというわけではなく、化学が苦手な生徒たちに希望や自信を持ってもらうためにも、自分自身のエピソードにしっかりとした高低差をつけてストーリー化し、「誰にでも可能性はある」というメッセージを伝えるように意識していたのです。

## ■聞き手が感じている未来への不安を軽くする

もうひとつ例を挙げましょう。

ある年、受け持っているクラスに人一倍プライドの高いタイプの男子生徒がいました。予備校には来ているものの、「自分なりの方法で勉強をしていけば学力は上がり、合格できる」という考えの持ち主です。

駿台に入り、難関大学へ行こうとしている生徒の何割かは、彼と同じような傾向があります。なぜなら、彼らは高校受験に成功した経験則をベースに大学受験を考えてしまっているからです。

この手のタイプの生徒たちは学力の伸びが停滞し始めると、受験に失敗しやすい弱さが出てきます。自分なりのやり方にこだわるあまり、軌道修正する勇気が持てないのです。

できれば早いうちに鼻っ柱を折られる経験をしたほうがいい。それで柔軟性を身につけるべき。私はそう考えて、鼻っ柱を折る疑似体験をさせるために、こんなストーリーを話すようにしていました。

「ボクは高校受験で第一志望に合格できたから、そのときの勉強法に固執したんだ。その結果、一時期、順調に学力が伸びたけど、途中で停滞。現役での受験は失敗して、結局、浪人することになったんだ」

「駿台に入ってみたら、周りの子がみんな優秀でとにかく焦った。ある日、模試の点数が最低で、家に帰った後、答案をクシャクシャに丸めて部屋の隅に放り投げ、ひとりで泣いた」

「でも、この模試をちゃんと復習しないと、また同じ失敗してしまうかもしれない。そう思って、泣きながらもクシャクシャにした答案用紙のしわを伸ばして、模試を解き直し、わからないところはわかるまで徹底的に向き合った。それでもわからなかったら、その科目が得意なライバルに頭を下げて聞きにも行った」**（失敗との向き合い方）**

「その後、授業での教えは一回すべて受け入れ、そのうえで自分に合う勉強法、合わない勉強法を取捨選択したんだ。まずは聞き入れることから始めようと決心して、勉強の仕方を変えていったんだよね」**（失敗からの学び）**

「キミたちにはボクがしたような悔しい経験をしてほしくないから、試すべきことは、ま

ず試そう。自分に合う、合わないは、試してから判断すればいい」（**失敗の先にあった結果**）

あるいは、人前で話す場面でうまく聞き手の関心を集められないと悩む社会人に向けて、「ボクも予備校講師になりたてのとき、どんどん生徒が自分の話から興味を失っていく場面に何度も出くわし、激しく落ち込みました」と話すこともあります。

「何で興味を持ってもらえないんだろう？　と自分の話し方を分析したら、自分は『化学の勉強は楽しいよ！』という前提で話していました」（**失敗との向き合い方**）

「でも、予備校に来る生徒のニーズは志望校に合格すること。化学の勉強が楽しいかどうかを語るのは、的外れだと気づいたのです」（**失敗からの学び**）

「そこで、自分なら志望校合格に必要な点数が取れるようになる方法を教えられることをアピールするために話し方を変えてみました。すると、生徒からの評価が明らかに高まっていくのがわかりました」（**失敗の先にあった結果**）

失敗を踏まえて、ポジティブな結果にたどり着いたというストーリーは聞き手が感じている未来への不安を軽くしてくれます。ダメだった頃の自分を本音ベースで話し、物語の一部として加えていきましょう。

【POINT】

- 相手に合わせたエピソードを語ることで、話し手への興味と関心を引き出す。
- ストーリーテリングにより、エピソードを聞き手の記憶に刻み込む。
- 単なる失敗談も、そこからの学びを添えれば、強力なストーリーになる。

》コツ３

# 満足感を提供する

話の中に「情緒的ベネフィット」を盛り込む３つ目のコツは、「満足感を提供する」です。**ここでいう満足感とは、聞き手が話し手に対して「この人の話を聞いていると安心できる」「自信が持てる」「これからがんばろう」といった感覚を持つこと。**

たとえば、仕事や勉強でつまずき、自信を失っている人にポジティブな言葉をかけていくことで、聞き手が自分でもできると思える感情である「自己効力感」を高めていきます。減ってしまっているコップの水を満たしていくようなイメージです（次ページの図参照）。

「ここまでがんばってきたからこそ起きたつまずきだよ」
「努力してきたプロセスを振り返ってみたら、自分のやってきたことが自信になるよ」
「以前よりも手順や効率が良くなっているところがあるはずだよ」

「それは成長の証だし、このつまずきもきっと次のステージへの布石だよ」

聞き手が自分では気づけないままでいる優れた点を話し手が指摘し、「あなたはできる」「できている」ということを実感できるよう促していきます。

私が日々接している受験生たち、特に高卒生は小さなつまずきにも動揺しやすい存在です。大学生でも社会人でもなく、同世代のフリーターとも違う、なんとも定義しづらい社会的な立場にモヤモヤしながら、志望校への合格を目指して勉強しています。

試験勉強に集中できているとき、模試などのはっきりした短期目標があるときはあまり不安を感じません。

ところが、模試の結果が今ひとつだったとき、勉強の途中で「わからないこと」が増えてきたときなど、自信が揺らぎ、「自分は何者なんだろう?」「何をしているんだろう」と考え込んでしまいます。

私が浪人したときもまさにそうでした。

こうした心理は何も高卒生だけに限ったものではありません。社会人となって経験を積んだ今でも、「この先、どうしたらいいんだろう?」という漠然とした不安に悩み、立ち止まることがあります。

打開策は、もう一歩踏み出すこと。頭ではそうわかっていても、うまく気持ちが切り替わりません。やる気にスイッチを入れてくれる何かが足りないからです。

その何かになりうるのが、身近にいる話し手の言葉なのです。

## ■聞き手の本心に迫る「問い」を投げかける

駿台時代、授業が終わった後に泣きながら相談に来る生徒がいました。

「何をやってもダメなんです」と目の前で落ち込む姿を見ると、「がんばっているキミはすばらしい」と褒め、励ましたくなります。実際、そう接していた時期もありました。

褒めて励ますと、「先生にそう言ってもらえてうれしいです」「がんばります」と気持ちを切り替えてくる生徒もいます。ところが、肝心の成績はなかなか好転しません。やり方を変えずにがんばってしまうからです。

その結果、再び不安になった生徒はまた褒めと励ましを求めて相談にやってきます。そこで、求めに応じたとしても2回目、3回目と繰り返すうち、話し手からの褒め、励ましの効用はどんどん薄くなり、聞き手は落胆していくのです。

**必要なのは、外部からの刺激ではなく、聞き手の目を自分の行動に向けさせること。聞き手自身の内側にある問題に自ら気づいて初めて、その解決策の具体的な提案である「機能的ベネフィット」も意味を持ってきます。**

ある日の授業の後、医学部受験を考えている生徒が深刻な表情で「現役で医学部を受けるのをやめようと思います。もう1年浪人して力をためて受け直したい」と言ってきました。

十分に努力し、ゆるやかですが学力も伸びています。

「今のままでいいよ」「大丈夫だよ」と励まし、過去にうまくいった勉強法や医学部受験で重要なポイントをアドバイスしたくなります。

でも、今、この瞬間に生徒が必要としているのは解決策ではありません。

「現役で医学部受験をやめよう」と思うに至るまでには、学力面の不安、受験勉強のストレス、親からのプレッシャーなど、さまざまな要因があったはずです。しかし、そもそも医学部を受けようと決心したのはどうしてだったのでしょう？

その気持ちは今、どうなっているのでしょうか？

話し手である私が探るべきポイントは、じつはそこにあります。聞き手である生徒に、私とのコミュニケーションを通して「自分でも把握できなくなっている本心」と向き合ってもらうこと。

本心では医師になりたい。その思いを探る手伝いをしていくイメージです。

少し長くなりますが、私がそのとき、生徒に話したのはこんな内容でした。


「キミが医者になることで救える命がある。現役受験をやめて、1年、2年とキミが医者になるのが遅れたとき、本来のキミが診察することで救えた患者さんが何人になるか想像してみようか。

1日に少なくとも平均3、4人の患者さんを診るとしよう。そしたら、1年間に300日働いたら約1000人の患者さんをケアすることになるよね。1年遅れるということは、それだけの人たちと出会いや救いの手を差し伸べる機会を失うことになるんじゃないかな。

ボクは医師を目指すキミは社会にとってとても必要な存在だと思っている。それを知ってほしくて、仮定の話をしたわけだけど、どう思う？　今年、合格する選択肢以外、考えられる？」

この話を聞いた後、生徒は「がんばります」と一言だけ言って講師室を出ていきました。

悩んでいる人を追い詰めるような言い方にも思えるかもしれませんが、聞き手の心には医師になりたいという想いがあります。**改めて本心に気づいてもらうため、具体的なイメージが膨らむ問いかけを投げかけたのです。**

悩みを受け止め、「受験を1年延ばす」という願望を承認しても、長期的な視点で見ると、聞き手に満足感を与えることはできません。解決策の提示は時として安易な方法であり、寄り添うだけでは短期的な対症療法にしかなりません。少し厳しい言葉になったとしても、話し手は聞き手の本心に迫る問いかけを発する勇気を持ちましょう。

## ■自分の価値の再発見を手助けする

**本当に聞き手が求めている問いかけがどこにあるのかを探ること。相手の気持ちの変化がなぜ生じたのかを想像していくこと。聞き手から選ばれるためには、話し手は常にその努力を続ける必要があります。**

人は誰しも、自分のことを重要な存在だと思いたいものです。アメリカのベストセラー作家でもあるデール・カーネギーの言う「自己重要感」です。その願いが満たされず、揺れ動いてしまっているときこそ、話し手は「あなたの存在そのものに価値があるのでは？」という問いかけを行いましょう。

自分の価値を自分で再発見できたとき、やる気と自信は一気に高まります。

たとえば、模試が終わった後、期待ほど点数が伸びていなかった生徒は自信を失い、動揺しています。そんなとき心がけていたのは、彼ら彼女らのプロセスに注目し、自分の学力がどのくらい変化しているかを自覚させる問いかけです。

模試の結果を見て、その生徒が全体の正答率の低い問題に答えることができていたなら、「ここだけの話なんだけど、この問題の採点基準はかなり厳しめに設定していたんだ。でも答案を見ると、配点は0点だけど、部分的には回答できているんだよね。これは学力として0点だと思う？　キミの力が部分的にでも発揮できている証拠じゃないかな」と。

あるいは、「点数が伸びなかったこと＝成長していない」と落ち込む生徒には「前回と今回の模試の答案をよく見比べてみて。解けなかった問題に対する解き方のアプローチが明らかに前進している部分が見つかるはずだよ」「模試は、入試までのプロセスを評価するためのもの。点数や偏差値がすべてではないから。そこに反映されない成長に注目して、それを入試本番までに形にする訓練をこれからしていけばいいんだよ」と。

**本人が積み重ねてきた努力、現時点での結果には表**

**れていないけれども伸びている部分に光を当ててあげます。話し手はスポットライトの役割をすればいいい**のです。

こうした問いかけは受験生に限らず、仕事やプライベートでかかわるすべての聞き手のやる気を引き出してくれます。なぜなら、「問いかけ」が情緒的ベネフィットの引き金となり、聞き手は会話を通じて自分の価値を再発見し、大きな満足感を得るからです。

【POINT】

- 自分の価値を再発見できたとき、聞き手は大きな満足感を得られる。
- そのために必要なのが、聞き手の本心に迫る「問い」。
- 聞き手の話に耳を傾け、聞き手の目が自分の行動に向けられるように促し、聞き手が一歩踏み出す手伝いをする。

## 2章のまとめ

### 「情緒的ベネフィット」で聞き手の心を動かす

- 「すごい」「おもしろかった」「ワクワクした」「安心できた」などといった聞き手の感想が、情緒的ベネフィットを提供できた証。
- 心が動くことで、好意的な評価が得やすくなる。

### コツ1：希少性を演出する

- 「手に入らないかもしれないもの」「残り少ないもの」「限定されたもの」など、希少性のある話題を冒頭や序盤に入れることで、聞き手の聞きたい気持ちを高めよう。

### コツ2：相手に合わせたエピソードを語る

- 単なる失敗談も、そこからの学びを添えれば、強力なストーリーになる。
- 持っている知識や経験を聞き手が必要だと思うように加工して、話し手への興味と関心を引き出そう。

### コツ3：満足感を提供する

- 聞き手が大きな満足感を得られるのは、会話を通じて自分の価値を再発見できたとき。
- そのために必要なのが、聞き手の本心に迫る「問い」。聞き手が一歩踏み出す手伝いをしよう。

# 3 章

# 納得して行動してもらう5つのコツ

# 「聞き手の抱えている問題を解決する情報」を提供する

2章では、聞き手の心を動かす「情緒的ベネフィット」を盛り込んだ話し方について解説しました。

情緒的ベネフィットが伝わると、あなたの話を聞いている人は心地よくなり、元気になり、やる気になり、行動を起こそうと思えるようになります。そして、相手をモチベートする話し方ができる人は聞き手から必要とされ、語る内容に真剣に耳を傾けてもらえるようになるのです。

しかし、これだけでは本書が目指している話し方の目的は達成されません。

## ■聞き手の役に立つ情報提供が、あなたの評価を上げる

●聞き手が話し手を選び、ファンとなること

●聞き手が話し手のことを周りにいる人たちにすすめてくれること
●口コミが広がり、話し手を中心としたコミュニティができあがること

これらを実現するには、情緒的ベネフィットを盛り込んだ話し方と、もうひとつ必要不可欠な話し方があります。それは機能的ベネフィットを盛り込んだ話し方です。なぜなら、やる気が高まり、話し手の語りに耳を傾ける姿勢が整ったら、次に聞き手が求めるのは、現実的に役立つ話だからです。

あなたを信頼し、心を開いた聞き手は、あなたの話にとても貪欲になります。やる気を出して、行動を起こしたら、それに見合った結果を望むのです。

つまり、**「信頼関係を築く」、「（情緒的ベネフィットで）聞き手の心を動かす」というステップを踏んだことで、ようやく、「聞き手の抱えている問題を解決する情報（機能的ベネフィット）」が求められるタイミングがやってきたわけです。**

2章でも紹介したとおり、

**図表7 納得してもらう5つのコツ**

コツ1 **聞き手の期待値を超えていく**（⇒140ページ）

コツ2 **希少性でメリットを際立たせる**（⇒148ページ）

コツ3 **畏れられる存在になる**（⇒153ページ）

コツ4 **ロジカルに不安を取り除く**（⇒165ページ）

コツ5 **聞き手の理想の状態を言語化する**（⇒179ページ）

●情緒的ベネフィット
　↓　心が動く、やる気が出る
●機能的ベネフィット
　↓　良い効果、役立つ機能、
　　恩恵が言語化される

　という両輪が成り立つことで、聞き手は自分が欲する結果を出せるようになり、それが話し手が欲する評判、評価につながっていくのです。

「先生の講座を受けたら、化学の問題が解けるようになった」
「夏期講習の後、化学の点数がすげえ上がった」
「講座を受けて半年後には志望校の合格圏

に入っていた」

**「機能的ベネフィット」は、相手が話を聞いたことによって得られる具体的な効果、効能、恩恵です。**それらを聞き手が自分の言葉にして他の人に伝えることができるようにしていきましょう。

3章では、「機能的ベネフィット」をあなたの話し方に盛り込み、聞き手の納得感を高めていく5つのコツを解説していきます（図表7）。

【POINT】

- 聞き手に納得してもらうには、「機能的ベネフィット」が欠かせない。
- 機能的ベネフィットとは、相手が話を聞いたことによって得られる具体的な効果、効能、恩恵のこと。
- 聞き手の抱えている問題を解決する情報提供を心がけ、聞き手をやる気にさせる。

》コツ1

# 聞き手の期待値を超えていく

**優れた評判は、聞き手の問題解決に貢献した後、聞き手がその価値を認めて、初めて生まれるもの。**公式にするなら、図表8のようになります。

つまり、聞き手の期待値を超える話ができれば、優れた評判につながる可能性が高くなるのです。

## ■聞き手がレベルアップを実感できる仕掛けを施す

そこで、**話し手が心がけていきたいのは、聞き手の期待値の最低ラインをクリアすること。**予備校講師の場合、最低ラインを下回ってしまうとその聞き手（生徒）は二度と講座に来てくれなくなります。次はありません。

では、どうすれば最低ラインを下回らないだけでなく、期待値を超えることができるの

## 図表8　優れた評判の条件

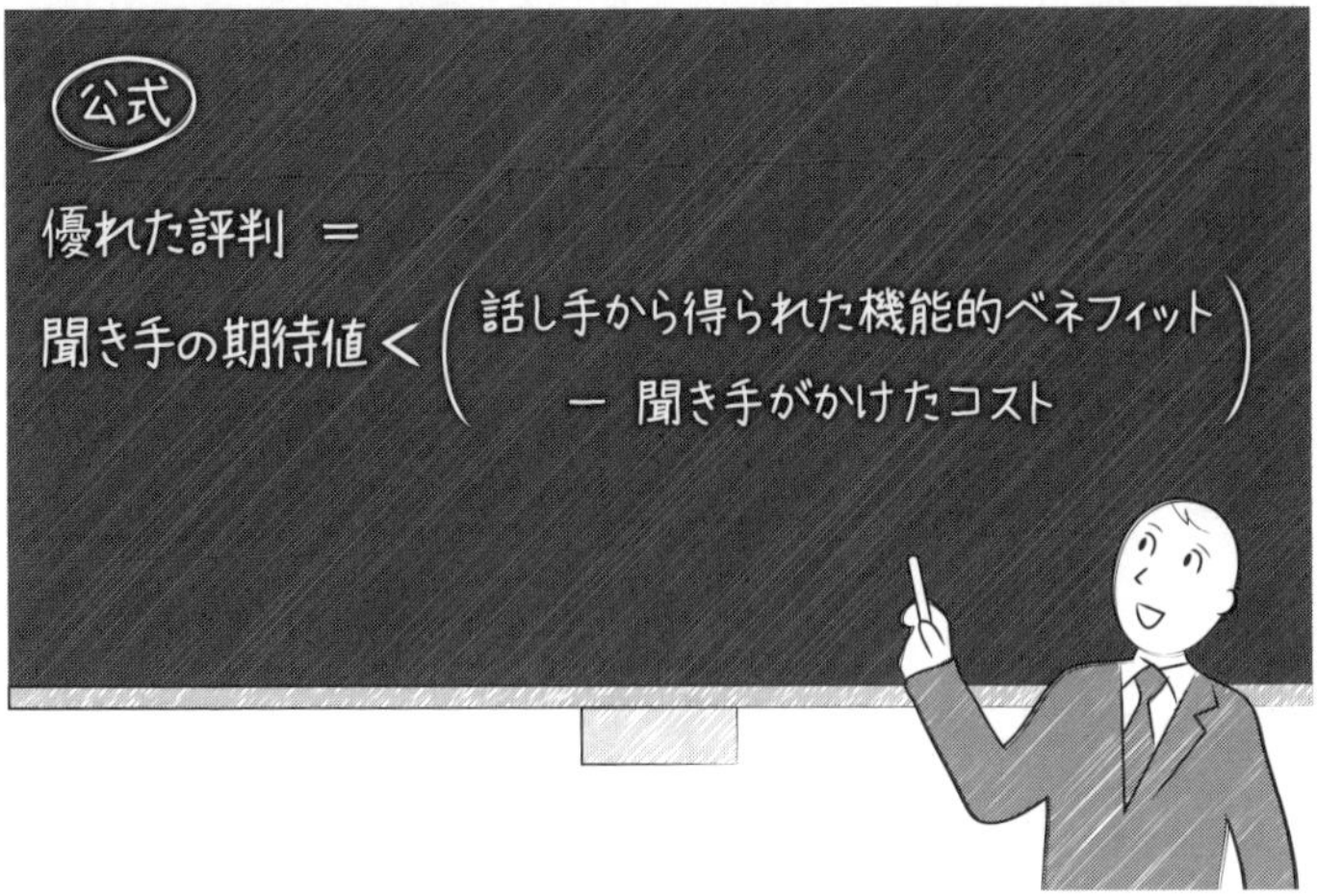
公式
優れた評判 ＝
聞き手の期待値＜（話し手から得られた機能的ベネフィット
－ 聞き手がかけたコスト）

でしょうか。そのためには、聞き手の本質的なニーズを見極め、その実現にかかるコストを理解しておく必要があります。

たとえば、予備校の生徒たちの本質的なニーズは志望校への合格です。そのための手段として、生徒たちはお金と時間というコストをかけ、問題を解く力を手に入れようと予備校講師という話し手の前にやってきます。

受験本番が近づけば近づくほど、時間的コストは高くなり、夏期講習会よりも冬期講習会のほうが求められる機能的ベネフィットも多くなります。受講料として支払う金銭的コストは同じでも、本番に向けて追い込まれた時期の時間的コストは跳ね上がるからです。

もし講師の側がそうした生徒たちのニーズとコスト意識の変化に気づかず、夏も冬も同じトーンで話をし、情緒的ベネフィット、機能的ベネフィットともに一定の授業を提供していたら、当然、優れた評判は立ちません。

逆に、そのような生徒たちのコスト意識の変化を深く理解している講師は、時間的コストが上昇していく冬に向けて聞き手の期待値を超えられるよう、自分が伝えられる機能的ベネフィットのピークを持っていきます。

それこそ、1回の授業ごとに聞き手がレベルアップを実感できる仕掛けを施すのです。

私が駿台で開いていたオリジナル講座の「差がつく化学解法の総仕上げ」では、「本質的〝超〟解法」という独自の解き方を講座の中にふんだんに盛り込み、「すべての問題を倒せる」「クリアできる」と伝えていました。「この武器で類題を全部倒せる、瞬殺できるよ！」と。

ロールプレイングゲームの「ドラゴンクエスト」シリーズ風に言えば、毎回の授業ごとにレベルの上がる経験値、もしくは、強力なアイテムを提供し、プレイヤーに手応えと次に進むモチベーションを与えていきます。

そういう意味では、**聞き手の期待値を見極め、それを超える機能的ベネフィットを盛り込むことは、やる気という情緒的ベネフィットを刺激することにもつながるのです。**

そして、冬にいい思いをした生徒、つまり、志望校の合格という目標を達成した生徒たちは、次の受験生となる後輩や浪人した同級生に対して、確実に「優れた評判」を口コミしてくれます。

## ■インサイトの探索をおろそかにしない

また、聞き手が質問や相談にやってくるシチュエーションは、高い機能的ベネフィットを提供する大きなチャンスです。

たとえば、後輩があなたを呼び止めて、仕事の進め方について質問してきたとしましょう。聞き手が自ら問いを発してくれる場面は、話し手にとって相手のニーズを見極めやすい状況。しかも、明確に知りたいことがある。つまり、相手はあなたの話を聞く準備が整っている状態です。

あなたがしっかり聞き手の質問に応えれば、それだけで相手のニーズを満たすことになります。ただし、**聞き手の期待値を超えていくのなら、もう一歩踏み出して、相手の潜在ニーズ（これをインサイトと呼びます）を想像してみましょう。**

後輩は仕事の進め方だけを知りたいのか？　それとも仕事の手順に無駄があると思って

いるのか？　進め方をもっと効率化できるアイデアを持っているのか？　個人的な事情でスケジュールに不安を感じているのか？

**表に出ているニーズ（顕在ニーズ）の奥のインサイトを想像し、「もしかして〇〇なのかな？」という問いを出してみましょう。氷山の一角だけに目を奪われないことです。**

そのうえで、インサイトも汲み取ったアドバイスを返せば、聞き手の期待値を超えることができます。

## ■質問や相談をされたときこそ、千載一遇のチャンス

私が講師室で生徒からの質問を受けるときは、「（生徒にとって講師室は入りにくい場所であるにもかかわらず、）生徒がわざわざ足を運んできたのはなぜか？」「生徒のニーズは、『目の前の問題が解けない』だけなのか？」「聞きたいことは別にあるのではないか？」と想像し、生徒の潜在ニーズを常に探るようにしていました。

そんな繰り返しの中で実感したのは、「質問や相談されたときにこそ、生徒の期待すること以上の答えを返すと評判になりやすい」ことです。

たとえば、「化学の応用問題が解けない」と悩み、質問や相談にやってくる生徒は毎年、一定数いました。そんな生徒たちの多くは「応用問題が解けないのは、化学が苦手だからだ」「基礎はできても応用でつまずくのは、化学のセンスがないからかも」と感じています。しかし、応用問題ができない原因は、ほとんどの場合、化学の学力とは関係のないところにあります。

ここで、私が「この問題は、こう解くんだよ」と解法を教え、「がんばって」と励ましただけでは、「講師室は緊張するけど、先生に質問するといいよ」という評判にはなりません。

「応用問題でつまずく生徒は毎年、たくさんいるのは事実。でも、安心して。先輩たちは、ちゃんと化学の入試で必要な点数を取れるようになったから。というのも、応用問題でつまずくのは、化

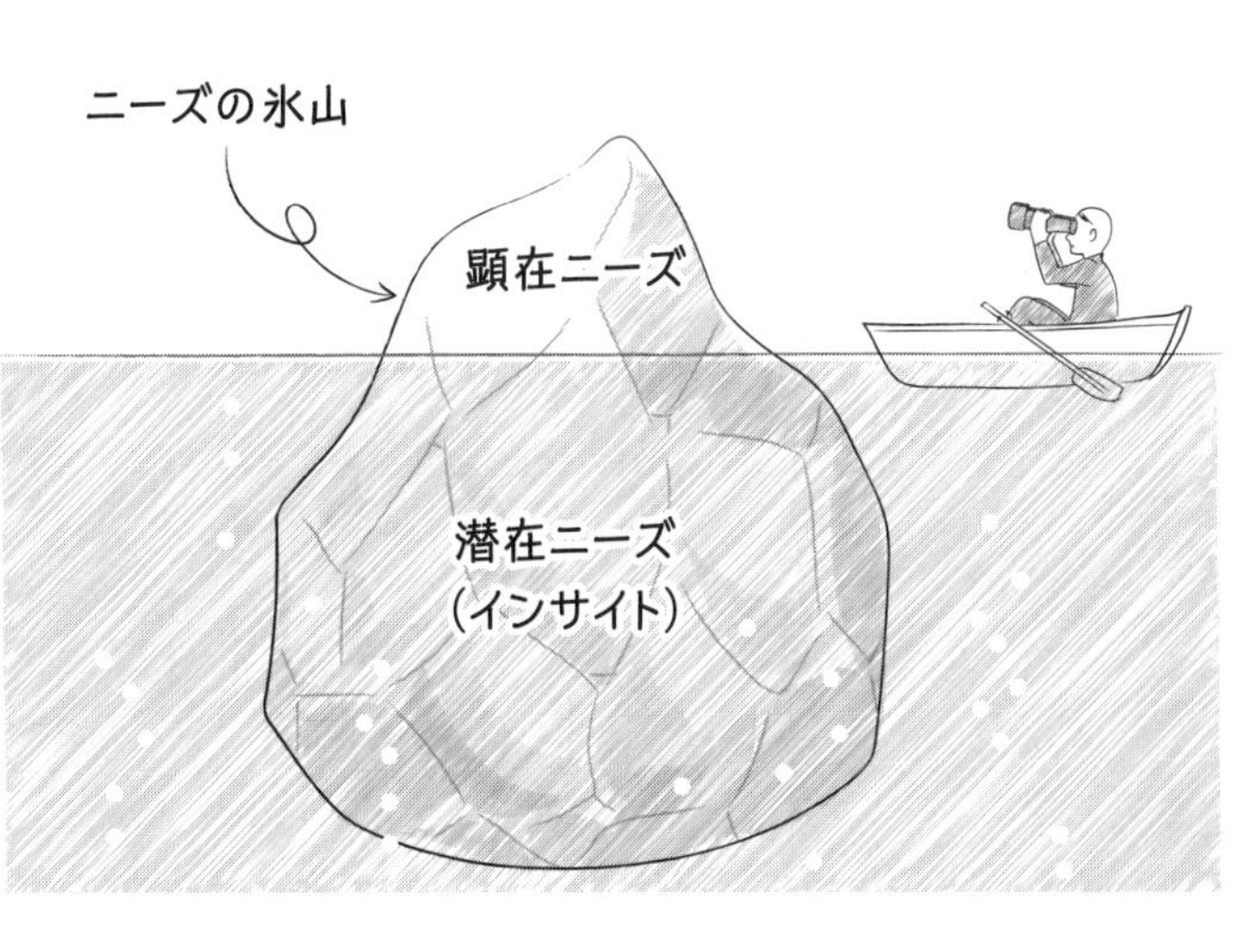

学の知識や計算能力が原因じゃないからなんだ」と伝え、「じつは、国語力、読解力が不足している可能性があるからなんだ」と明かします。

実際、大学入試に出題される化学の応用問題は、問題文が長く、場合によっては、会話形式の長文の中に解答に近づく多くの情報が含まれているパターンもあります。本当は国語力、読解力が不正解の原因になっているのに、化学に苦手意識を持っている生徒は、自分の化学の学力が足りないからだと考えてしまうことがあるわけです。

しかし、こうした長文の文章問題は、読み方のコツをつかめばクリアできます。「各段落の冒頭部分を読むことで全体の文脈を即座に把握できたり、アンダーラインの前後に解答のキーとなるヒントが含まれていたりするケースが多い」など、生徒が悩んでいる目の前の応用問題の解き方に加えて、問題文の読み方のコツも伝えます。

こうして苦手意識を持つことになった真の原因を提示してあげると、聞き手の期待値を超えることになり、高い機能的ベネフィットを提供できる話し方になります。

聞き手から疑問、質問が寄せられたときこそ、真剣勝負で挑みましょう。話し手にとって評価を高める大きなチャンスです。

【POINT】

- 聞き手の期待値を超えたとき、いい評価が得られる。聞き手の期待値のレベルを知ることが大事。
- 質問や相談をされたときこそ、真剣に応じる。
- 聞き手がレベルアップを実感できる仕掛けを施すことで、期待値を超えていくことができる。

》コツ 2

# 希少性でメリットを際立たせる

「希少性」については、「情緒的ベネフィット」を高めるコツとしても取り上げました。

2章で紹介したように、聞き手は希少性に強く価値を感じます。その背景には、「手に入りにくいものは、それが重要な何かに違いないと考える」「自分がそれを手に入れるチャンスを失うことを恐れてしまう」といった理由がありました。

**「希少性の原理」の力は強く、やる気を引き出すためにも効果的でしたが、機能的ベネフィットを高める場合にも役立ってくれます。**

ここでは会話の中ですぐに使える2つの仕掛けを紹介します。

## ■聞き手に提供する情報の横に、比較できる情報を置く

1つ目は、聞き手に提供した情報の横に比較対象を提示し、「比較」することで希少性

を浮かび上がらせ、情報の持つ価値（メリット）を強調する仕掛けです。

たとえば、私がよくやっていたのは、化学を受験科目に選んでいる生徒なら誰でも知っているベーシックな解法を組み合わせることで東大の入試問題を解くというデモンストレーションです。このときに、比較のテクニックを使っていました。

「この方法を身につければ、東大の問題も30秒で解けるよ」

「基礎的な方法だから、『この解き方は受験生みんなが知っている』と思うかもしれない。でも、そんなことないから。極端な話、30秒で答えが出せる解法の組み合わせを知っているのは、ここで教わったキミたちだけの可能性もあるからね」

「普通に解こうとしたら、東大合格圏の人でも5分はかかると思うよ」

**●基礎的な方法だけど、誰もが使いこなせているわけではない**

**●普通に解こうとしたら、5分はかかる**

こういった比較対象をアピールすることで、すでに身につけているベーシックな解法を組み合わせることの希少性がクローズアップされます。

あなたが仕事を通じて培ってきた知識や、業界内で常識となっている手法などを聞き手に提供する際にも、その情報を単に伝えるだけではもったいない。**話し手が「比較」という仕掛けを使うと、情報の中にある希少性を浮かび上がらせることができるのです。**

たとえば、統計データの自動分析ツールの使い方を説明するときに、単にそれを使ってみせるだけでなく、「このツールを使うと、これまで1時間かかっていた作業がたったの5秒で終わるんです」と伝えることで、聞き手が感じる価値は一気に高まります。

## ■「未来」の提示は希少性が高い

2つ目は、聞き手に提供した情報に「予知」を添えることで、希少性を浮かび上がらせ、情報の持つ価値（メリット）を強調する仕掛けです。

「次の入試では、十中八九、この問題が出るよ」

人気のある講師は、その年に出題されるであろう入試問題を予測し、生徒たちに明かします。優秀な講師であればあるほど、過去の入試問題を分析し、出題パターンを解析します。その水面下の努力は見せず、「最近の傾向はこうだから、次はこの問題が出る」と伝えるのです。

基本的に、生徒は出題予測の話が出るだけでテンションが上がります。なぜなら、未来の提示は希少性が高いからです。

**もちろん、的中率が高ければ高いほど口コミも広がりますが、そこそこの的中率でも十分に話し手への注目度を高めてくれます。**

たとえば、私は過去に一度だけ占い師さんに運勢を見てもらったことがあります。するると、「あなたは、5年後に運命の人と出会います」と言われました。特に科学的なエビデンスのある未来予測ではありません。しかも当時、私にはお付き合いしている女性がいました。それでも、「今の彼女は運命の人ではない可能性が高いのか!」と思ってしまい、しばらくはその占いの結果が気になって仕方のない日々が続いたのです。

古代から現代まで、占星術師などの占い師さんの話を皆こぞって聞きにいきます。未来を気にしない人はいないからです。

背景には、不安を解消したいという心理があるのでしょう。世紀末が迫る、大きな金融危機がやってきた、未知のウイルス感染が拡大したなど、世の中が混沌としているときほど、人は将来への漠然とした不安を抱えます。

その不安を解消したくなったとき、未来予測の情報に対する意欲が湧きます。受験生にとっては入試問題の予測であり、個人投資家にとっては四半期先の株価の動向であり、婚活中の人にとっては運命の出会いが舞い込む場所の情報かもしれません。

**聞き手は、自らの行き先（未来）を示してくれる話し手に価値を感じる**のです。

【POINT】

- 希少性は、「情緒的ベネフィット」だけでなく、「機能的ベネフィット」も高めてくれる。
- 単なる情報提供で終わらせずに、比較できる情報を横に置いたり、予知につながる情報を織り交ぜたりして、提供する情報の希少価値を高めつつ、メリットを際立たせる。

## 》コツ3

# 畏れられる存在になる

「畏れられる存在になる」とは、怖がられるという意味ではありません。

**「たしかにあの人の言うことには一理ある」「耳を傾ける価値があるかも」と、聞き手がリスペクト（敬意）を持って接するような存在感を醸し出ていくことです。**

親しみを感じる友人的存在という立ち位置は「情緒的ベネフィット」を高めるうえで効果的ですが、「機能的ベネフィット」にとっては近すぎる関係性が逆効果となりかねません。

ほどよい距離感があり、敬われる立場にいたほうが、話に盛り込まれた「機能的ベネフィット」の説得力が増し、優れた評判につながっていきます。

たとえば、一流ブランドや伝統のある老舗の商品、王室や皇室御用達のホテルが提供するサービスには、多くの人が付加価値を感じます。ブランド品のスカーフやバッグ、老舗の羊羹《ようかん》、皇室御用達のホテルの客室……。機能や味は一般に売られている商品、サービス

## 図表9 聞き手のリスペクトを得る仕掛け

●「圧倒的」を常につくり続ける(⇒155ページ)

●広い視野で多くの物事を結びつける(⇒157ページ)

●聞き手に好かれることを最優先しない(⇒159ページ)

●聞き手のプライドを傷つけない叱り方をする(⇒162ページ)

と大きく変わらないものも、じつはあります。

それでも私たちは、少なからず特別な価値を感じてしまいます。その背景にある心理は、確立されている権威、畏れられる存在となったブランドが与えてくれる安心感です。これは、社会心理学における「社会的証明の原理」と呼ばれるものを利用しています。

「長年、多くの人に評価されてきたから安心」
「一流を知る人たちが利用しているのだから安心」
「たくさんの人がおいしいと認めているから、プレゼントとして安心」

**今いるコミュニティで「畏れられる存在」になることで、聞き手は自然とあなたの語る内容に安心感と付加価値を感じるようになります。**

では、聞き手のリスペクトを得るためには、どのような仕掛けが必要になるのでしょうか。４つのポイントを解説します（図表９）。

## ■「圧倒的」を常につくり続ける

どんなジャンルの仕事でも何らかの分野に「圧倒的」な知識、経験、技術があれば、聞き手は「この人は自分と違う」と感じ、話し手に敬いの気持ちを持ってくれます。

ちなみに、私が予備校講師として心がけているのは、次の３つの「圧倒的」を発揮し続けていくことです。

- 圧倒的な化学の知識を持つこと
- 圧倒的な入試問題への分析力を発揮すること
- 圧倒的にわかりやすい授業、身につく解法を提供すること

その狙いは、単純に聞き手である生徒たちに「この講師はすごい」と感じてもらうことにあります。

たとえば、入試を前に不安を感じている生徒たちには、こんなことを伝えます。

「過去20年分の入試問題を分析して、その結果を反映した試験対策をつくるから、使ってみてね」と。圧倒的な分析力をベースにした知識、それをわかりやすくまとめた対策案を生徒に提供することで、「すごい」と感じてもらえます。

化学に関する知識、入試問題に対する分析。それらを土台にしたわかりやすい授業。この3つを揃《そろ》え、日々向上させていくのはしんどいことです。

それでも努力は惜しみません。なぜなら、一定の水準を見せることは、聞き手から畏れられる存在となるために欠かないと考えているからです。

たとえば、新商品や新サービスを社内会議で提案する際に、見込み客へのヒヤリングを数百回したほうが、十数回のときよりも説得力は明らかに増します。「圧倒的」な説得をするためには、「圧倒的」な行動をすればいいのです。

もちろん、「圧倒的」をつくり続けるのは容易ではありません。私も独立して新規事業を立ち上げた際に、見込み客へのヒヤリングを行ったのですが、最初のうちは非常にしんどく感じました。しかし、ヒヤリングを続けていくうちにだんだんとハイになってきて、そのうちつらさをほとんど感じなくなりました。

コツとしては、**やっていてワクワクするジャンルに関連させること、やるべき仕事の中にあるどハマりできる部分を見つけること。常に好奇心が刺激されていると、私たちは努**

**力を努力と感じずに続けることができるようになります。**その結果、いつのまにか「圧倒的」な行動と説得力が得られるのです。

## ■広い視野で多くの物事を結びつける

あなたが化学の授業を受けているとして、講師が「少し前に『鋼の錬金術師』という漫画とアニメがヒットしたけど、キミたち、錬金術ってそもそも何だか知っている？」と言い、こんな話をし始めたらどう感じるでしょうか？

「錬金術は紀元1世紀頃の古代ギリシャや古代エジプトで始まり、アラビアを経てヨーロッパに広がったとされる卑金属を貴金属の金に変えようとする技術のことなんだ。錬金術師が不老不死の秘薬をつくろうとしていたなんてエピソードもあるんだ。今ではよく知られているとおり、化学的には誤りで、近代科学が発展し始めた17世紀を境にして、錬金術は急速に廃れていった歴史がある。

でもね、権力者たちの『金を手に入れたい』という欲求によって推奨され、保護された怪しげな科学であった錬金術が、その副産物として多くの化学の知識をもたらしたのも事実なんだよね。鉱物の利用法、ガラスや磁器製造技術、医学にも強い影響を与え、ヨーロッパでルネサンスが花開く礎《いしずえ》や、今、キミたちが学んでいる化学の基礎となる部分にもなったんだよ」

サブカルの話を枕にして、世界史と化学の話がつながり、紀元1世紀のエジプトとヨーロッパのルネサンス、そして21世紀の日本で授業を受けている生徒が結びつきます。**広い視野で多くの物事を結びつけ、聞き手の関心事にひもづけて語ることのできる人は敬われます。大局観を持って話すこと。これが畏れられる存在になるための近道です。**

入試の問題の予測にしても、「昨年はこういう傾向があったから、今年は……」よりも、「過去20年の出題パターンを分析すると、化学についてはこんな流れがあります。ですから、今年はこういう問題が出題される可能性が高いと言えます」と語るほうが信憑《しんぴょう》性の高さを感じるのではないでしょうか。

これは**時間軸の長さの具体性が大局観につながっている**からです。

錬金術と化学の話は時間軸だけでなく、空間軸も大きく取っていました。このように**話に出てくる物事の時間軸、空間軸を意識して、幅広く長いスパンで語るよう心がけていく**

と、大局観を持った話し方ができるようになります。

## ■聞き手に好かれることを最優先しない

毎年、新しい生徒が集まり、受験勉強が始動する初回講義で、私は講座のルールを伝えるようにしています。

「自分の人生に本気でない人には、来てほしくない」
「お金を払っているのは親御さん、そこに感謝できない人はうまくいくと思えない」
「授業中に寝る、課題をサボる、周囲の好意を踏みにじる人とはお付き合いしたくない」
「寝ている人はすぐに教室から出ていってもらう」

端的に言えば、講師側から「こういう受験生は受け入れられない」と公言してしまうのです。もちろん、このルールを聞いて「やってられない」と思った生徒は他の先生の授業へ移っていきます。

聞き手である予備校の生徒は、講師も授業も選ぶ権利があります。講師になったばかりの頃の私は、生徒のもつその権利を恐れていました。人気講師になりたいという思いが先行し、誰でもウエルカム、どんな生徒も受け入れ、優れた評価を集めるのがプロだと勘違いしていたのです。

**話し手から「好かれたい」という思いが先行してしまうと、どうしても聞き手から軽く見られるようになります。**畏れられる存在から程遠い立ち位置になってしまうのです。

たとえば、入社直後の私の講座では懸命に努力している生徒がきちんと課題をこなし、提出する一方で、「忘れましたー」と言っている生徒が叱られるわけでもなく、堂々と同じ空間にいるといった状況が起きました。

当然、努力している生徒からするとおもしろくありません。苛立ちの矛先は「忘れました」と言っている生徒ではなく、好かれたいばかりに彼ら彼女らを叱らず、同席を許している私に向きます。そして、本来は授業に残っていてほしい努力できる生徒がこちらを見限って、去っていくのです。

また、基礎学力がまだ身についていない生徒から、「みんなが使っているこの問題集をやりたい」と難しい問題集で勉強することを相談されたとき、「せっかくモチベーションを上げているんだから、応援しよう」と止めることができませんでした。結果、受験では滑り止め以外、全落ち。生徒は泣きながら、「何がいけなかったんだろう」と予備校に電話をしてきました。

こうした負の連鎖をどうにかしなければならないと思い、私が書店で手に取ったのが、ニッコロ・マキャベリの古典『君主論』でした。講師はある程度、クラスをコントロールする君主を演じる必要があると思ったからです。

読み進めるうち、大きな気づきがありました。

- **話し手は「好かれなくてもいい」**
- **聞き手は成果が出れば、強制されても喜ぶ**
- **ある程度、強制力を働かせないと、聞き手は「苦手」や「嫌い」を克服できない**

そこで、私は生徒たちに「ボクのことを嫌いになってもいいから、化学の学力だけはしっかり上げようね」と伝えるようになりました。

予備校では、好かれることに意味はありません。心を鬼にして、君主として強制力を発揮すること。強制されて学力が上がれば、解ける問題も増え、結果的に生徒から感謝されます。

生徒の成績が上がる指示を出せる君主でいこう、と。そう決めて以降、仲良くなる生徒の数は激減しました。しかし、学力が上がり、納得のいく成果を出す生徒が激増。畏れられる存在になったことで、必要なリーダーシップを発揮できるようになったのです。

## 聞き手のプライドを傷つけない叱り方をする

聞き手を叱る場面での立ち居振る舞いが、その後のあなたの印象を大きく左右します。最悪なのは、感情的になってしまうこと。聞き手に感情をぶつけてしまっている時点で、それは「叱る」ではなく、「怒る」になっています。

怒っているとき、人は冷静さを欠きます。すると何が起きるかというと、叱る（怒る）時間が長くなるのです。

くどくど叱る姿は、聞き手や周囲にいる人からすると、怒りの感情がコントロールできない未熟な人間に見えます。これでは怖い人と思われても、畏れられる存在になることはありません。

**叱らなければならない場面では、短時間で淡々と言葉を投げかけましょう。**

また、**投げかける言葉の中に聞き手の罪悪感を煽《あお》り、羞恥心を呼び起こさせるような言い回し、表現を入れるのはＮＧ**です。聞き手の自尊心を尊重します。

たとえば、あまり勉強に熱心ではない生徒への「学費を払っている親御さんも残念だろうね」「キミが足を引っ張ることでクラス全体の平均点が下がっている」などの皮肉交じりの発言は、自分の怒りの感情を吐き出しているだけです。

叱るとき、聞き手の自尊心を傷つける必要はまったくありません。

相手がどう行動を変えると叱るような結果にならないかを伝えましょう。

勉強に熱心ではない生徒には、

「現役生の入試の合否を分けるのが、帰宅してからのたった30分の勉強だって知ってた？」

「基礎を飛ばして、応用問題に目を向けているみたいだけど、模試の点数の状況を見て、自分ではどう思う？」

「基礎学力を軽視した人の結果はこれまでも芳しくなかった。イレギュラーな問題が解けるような準備をしても、コスパが良くないからね。日々の地道な基礎トレが一番コスパの高い勉強なんだよ」

このように、行動をどう変えるべきかの注意を伝えれば十分です。

**叱り方はロジカルに。感情に任せるのではなく、行動を変えたほうが聞き手にとってい**

い結果につながるという大義を旗印にしましょう。

そのうえで、**やりとりの締めくくりで聞き手に決定権を委ねることが重要**です。

「……ということなんだけど、やるかどうかを決めるのは、キミの自由だよ」

叱られたことがきっかけだとしても、人は自分で決めた感覚があると行動を変えやすくなります。その結果として、その人の望む成果が出れば、叱った話し手は「聞き手にカツを入れる叱り方ができる人」と評価され、存在感が増していくのです。

**【POINT】**

- 畏れられる存在になることと、怖がられることは異なる。
- 「あの人の言うことには一理ある」「耳を傾ける価値があるかも」と思われたら、畏れられている証。
- 広い視野で多くの物事を結びつけ、意外な関連性などを話すことで、話し手の存在感を高められる。

》コツ4

# ロジカルに不安を取り除く

唐突ですが、もし、あなたが仕事に必要で何か新しい分野について学ばなければならなくなったとき、どんなところから手をつけていきますか？

●ネットで検索してみる
●書店や図書館でその分野の書籍を調べる
●その分野について詳しい人に話を聞く
●その分野について学べる学校やセミナーに通う

最も手軽で現代的なアプローチはネット検索でしょう。よほど目新しいキーワードか、ネットが普及する以前の物事でなければ、検索エンジンは何らかの答えを示してくれます。しかし、あなたにも経験があると思いますが、膨大な検索結果から本当に役立つページにたどり着くのはなかなか骨の折れる作業です。

一方で、書店や図書館でその分野について書かれた本を探す方法なら、必要な一冊を見つけ出す難易度は下がります。ほとんどのジャンルに入門書が用意され、「初めて学ぶなら、このあたりかな」と推測しやすいからです。


ただし、その一冊がきちんと役立ち、学びになるかどうかはまた別問題。立ち読みでは「良さそう」でも、熟読してみたら「そうでもなかった」はめずらしい話ではありません。それに比べ、残る2つの選択肢から得られる情報の精度は格段に高くなります。

たとえば、これから学ぼうとしている資格試験があった場合に、社内に合格している先輩がいれば、働く環境を踏まえつつ、学ぶうえでどんな苦労があるかのアドバイスもしてくれるはずです。

学校やセミナーには、その分野に特化した講師がいます。しかも、予備校と同じように講師どうしの競争原理も働くので、よりわかりやすい教え方のできるプロがいます。ネット検索や書籍の購入に比べると一気に金銭的コストが増しますが、それだけの価値があると言えるでしょう。

## ■情報過多は不安を煽る

「機能的ベネフィット」を高めるコツ4は「ロジカルに不安を取り除く」です。ここでいう不安とは、聞き手の抱える情報過多の状態を指しています。

現代は「何かを知りたい」「学びたい」と思うと、前述したように、インターネットを利用することで一気に多くの情報にアクセスすることが可能です。

ところが、初学者が玉石混交の情報の海と向き合うと、目に触れるどれもが重要な気になってきます。

**自分で取捨選択できない状態に陥ったとき、私たちが感じるのは不安です。**

どちらに向かっていいのかわからない。どこから手をつければいいのかわからない。でも、時間や費用には限りがあり、成果を示さなければならない締め切りも決まっている。

そんなとき求められるのが、情報を削減し、やり方を示して、導いていくことのできる存在です。

だからこそ、身近な経験者のアドバイスはありがたく、専門家から学べる場に多くの人が集まります。つまり、**ロジカルに聞き手の不安（情報過多）を解消できる話し手は、敬**

われるのです。

## ■聞き手の負担を減らしてあげる

予備校の生徒たちは受験に向けて、あれもこれもやらなくてはという不安感を抱えています。ですから、**講師が試験対策として「ここところを重点的に学べば大丈夫」とアドバイスすると、こちらが思っている以上に生徒たちは喜びます。**

**それは生徒の頭の中でやるべきことが整理され、負荷が減り、不安を拭うことができるからです。**逆に、プロとして自信のない講師は、「あれもこれもやらなくてはダメだよ」とアドバイスしてしまいます。たしかに、多くのことを学んでおけば、それだけ対応できる範囲は広くなります。

しかし、それは生徒の求めているニーズではありません。彼ら彼女らは「あれもこれもやらなくてはいけないの？」「時間が足りないけど、間に合うの？」といった不安を感じ、結果的に精神的にも肉体的にも負担が増えてしまうからです。

ロジカルに不安を取り除くことを目指すなら、

「この範囲は8月末にできていればいいよ」

「この問題は入試の1ヶ月前に解けるようになっていればいいよ」

「この応用問題は最難関校が志望校でないのなら、できなくても問題ないよ」

「志望校がA大学なら、駿台の教材のこの問題とこの問題の正答率を8割に。それ以外はできなくても気にしない」

「参考書を隅から隅まで読む必要はないよ。重要なポイントはここの所だけだから」


こんなふうにインプットすべき情報を整理し、生徒の負担を減らすようなアドバイスをするべきです。それができる講師には優れた評判が立ち、畏れられる存在となっていきます。

## ■ロジカルな話は「そもそも論」から入る

聞き手の不安をロジカルに解消していく過程には、1つずつクリアしていくべき3つのステップがあります（図表10）。

1つ目のステップは、まず聞き手本人に「不安の原因」を再確認してもらうこと。そこ

## 図表10 聞き手の不安をロジカルに解消していく過程

**Step 1** 「そもそも論」から入る(⇒169ページ)

**Step 2** 聞き手の頭の中のカオスを整えていく(⇒172ページ)

**Step 3** 最小限の段差の階段をつくる(⇒174ページ)

で役立つのが、「そもそも論」の質問です。

たとえば、

「そもそも、どうして学ぼうと思ったの?」

「そもそも、夏期講習会って何のためにやると思う?」

「このプロジェクトのそもそもの目的は何だったたっけ?」

といった問いかけをして、聞き手が取り組んでいることの「前提」を思い出してもらうわけです。

受験勉強の途中でスランプに陥り、迷ってしまう生徒がいたとしましょう。彼ら彼女らはまさに「あれもこれも」と目移りしながら、注力すべき何かを見失い、学力が停滞し、不安感を抱えています。そんな状態で夏が近づくと、「とにかく夏期講習会に参加すれば解決するかも」と飛びついてしまうのです。

でも、こうした迷える生徒に夏の時点で本当に必要なのは、一学期の授業の復習であり、基礎学力を強化すること。基礎がぐらついたまま夏期講習会に参加しても、受け取る情報量が増えるだけでますます混乱します。

そこで、そもそも論の「夏期講習会って何のためにやると思う？」を投げかけ、その子にとって優先して取り組むべき課題を自覚させ、今の時点で本人に必要なのは一学期の授業の復習であり、基礎を強化することだと気づいてもらうのです。


このステップは受験に限らず、他の多くの不安の解消に役立ちます。たとえば、「仕事で使うから英会話を学ばなければいけない」という人が学習方法に迷っているとしましょう。マンツーマンの英会話学校に週に何度も通うべきなのか？ オンラインでの学習で十分なのか？ 英単語の語彙《ごい》数を増やすために単語の暗記からやり直すべきなのか？

「そもそも、仕事のどんな場面で英会話が必要になるのか」を整理すれば、取り組むべき学習方法も定まっていきます。

商談には通訳が入るものの、1人で英語圏に出張するので旅行英会話が必要なのか？ 取引先でネイティブを前にプレゼンしなければいけないのか？ 異動で海外とのやりとりの多い部署に移るので、業界の専門用語を含め、英会話力全体をブラッシュアップしなければならないのか？

私たちは不安の渦に巻き込まれていると、そもそもの目的やゴールを見失ってしまいます。友人、知人が同じような不安を抱えているときは冷静に状況を指摘できるのに、自分自身が迷い、目移りする状況に陥ると、後悔するような選択をしてしまいがちです。

このような相手の考え方や認知を軌道修正していく手法は、アメリカの認知心理学者のアーロン・ベックの認知療法を参考にしています。

話してみて聞き手が混乱していると察したら、問いかけによって「そもそも」を探る手助けをしていきましょう。

## 聞き手の頭の中のカオスを整えていく

**時系列を整理して、聞き手の頭の中のカオス（混乱）を整えていくのが、2つ目のステップとなります。**そもそも論で本来の目的と達成すべき目標を再確認したら、今度は、目の前の悩んでいる事柄を分解し、目標に近づくよう優先順位をつけていきましょう。

特に重要なのが、何にいつから取り組み、いつまでに終わらせるかの整理。時間軸での優先順位づけです。

「あなたが目的としているのは、○○ですよね？」
「だとしたら、まずは□□を目標に△△からやり始めたらいいんじゃないかな」
「最初にこれをいついつまでに、次にあれをいついつまでにやっていくべきかな」

たとえば、志望する大学への合格が目的ならば、目標は合格最低点をクリアすることになります。ところが、受験勉強でてんてこ舞いになっていると、多くの参考書、問題集を買い揃えてしまい、授業の復習からやるべき？　予備校の模試を受けるべき？　参考書はどれ？　問題集は？……と混乱が広がってしまいます。

そこで、「A大学の合格最低点は○点。これをクリアするために、キミに足りていないのは化学の基礎力。だとしたら、まずは教科書とこの問題集を使って1カ月後までに授業の復習を徹底的に行ってみたらいいんじゃないかな」「その後、模試を受けてみて、点数を確認。合格最低点をクリアするため、強化すべきポイントを探っていこう」と。

ゴールや期日から逆算して優先順位をつけ、聞き手が抱えている多くの情報を整理整頓。真っ先にやるべきこと、先送りしても大丈夫なものに選《よ》り分けます。すると、聞き手は自分の持っているリソース（資源）をどこにどう注げばいいのかがはっきりとし、安心して目標に向かって歩んでいけるようになるのです。

これはビジネスシーンにおけるチームマネジメントでも同じことが言えます。チームのメンバーがあるプロジェクトの進行で混乱しているときには、まず進捗状況を確認し、現状を共有したうえで、納期や目標数値を提示しながら、優先順位を決定していけばいいのです。

そうすることで、聞き手であるチームメンバーの頭の中のカオスを整えることができます。

## ■最小限の段差の階段をつくる

最後、３つ目のステップでは、**目標に向けてやるべきことを小さな階段にして提示します。**ここで重要なポイントは、階段の段差です。聞き手が確実に一段ずつ上がれるよう、最小限の段差になるよう調整します。

たとえば、化学の基本問題をクリアし、応用問題を解いていくという段階を踏み、模試で合格圏に入る点数を取ることを当面の目標としたとしましょう。

現役時代に化学が得意で、講師として経験が浅い人は、「このくらいできるだろう」と自分の経験をモノサシにして段差を設定してしまいます。しかし、これではせっかく「そもそも論」で目標を捉え直し、「カオス」を整理して取り組む気持ちになってもらったのに、仕上げのステップでつまずきが生じてしまうのです。

　基本問題と応用問題の間にある段差が生徒にとっては大きすぎるため、問題がうまく解けないことで心が折れ、再び不安が顔を出してしまいます。

　**こうしたつまずきが生じないよう、話し手は聞き手の力を見極め、相手の上る段差を細かく刻み、小さな階段をつくって目標へと導いていきましょう。**

飲みこみのいい生徒は基本を教わっただけで、ひょいひょいと2段、3段飛ばしで応用問題を解いてしまいます。しかし、不安を抱えている生徒のモチベーションを持続させるためには、刻みに刻んだものであっても小さな段差を乗り越えた達成感が必要不可欠です。

小さな達成感の積み重ねが勉強や仕事のモチベーションを高めることは、心理学などの研究でも明らかになっています。なかでも、ハーバード大学の研究チームが7つの会社から238人のビジネスパーソンを集め、全員のパフォーマンスを1万2000時間にわたって記録した調査が有名です。

研究チームの目的は、「仕事のモチベーションを高める最大の要素は何か?」の答えを見つけること。その結果、わかったのは「人間のモチベーションが最も高まるのは、少しでも仕事が前に進んでいるとき」でした。

「小テストの点数が上がった」
「問題集で解ける問題の数が増えた」
「模試の問題文の意味が理解できた」

**どんなに小さな達成感でも、聞き手のモチベーションは上がります。**1センチでも昨日よりも進んでいる感覚があれば大丈夫。ところが、見守り、指導する話し手側はついつい急に「1メートル上がれ」的な働きかけをしてしまいがち。これを避けることで、聞き手の挑戦心を持続させることができます。

もちろん、ひょいとクリアしてくれる聞き手もいるでしょう。1を伝えれば、3、4とわかる勘の良い聞き手は話し手にとって楽ちんな存在です。ただ、予備校でも最上級の出来のいい生徒の集まるクラスだけを指導している講師は、本当に簡単なことを教える力が鈍ってしまうと話していました。

**聞き手の不安を取り除くために、話し手は小さな段差の階段をつくることが重要なのです。**

「基本的なことだけど、ボクも現役時代にマスターまではかなり時間がかかったんだよ」
「理解できるように要素を細かく分解して、勉強したんだ」

そんなふうに励ましの言葉をかけながら、できるのが当たり前になっている話し手がイメージする段差よりもさらに小さな段差をつくり、一歩一歩、聞き手を目標に導いていきましょう。

すると、「あの人は説明が上手で話がわかりやすい」「1つ1つ細かくステップを示してくれるから、確実に力がつく」といった機能的ベネフィットに基づく優れた評判がついてくるようになります。

【POINT】

- 多すぎる情報によって生じる不安を、ロジカルに取り除いてあげると、聞き手に感謝される。
- まずは、そもそも論から始め、不安の原因を確認する。
- ゴールや期日から逆算して、聞き手が持っている情報に優先順位をつけることで、聞き手の負担を減らしてあげる。

## 》コツ5

# 聞き手の理想の状態を言語化する

「聞き手の理想の状態を言語化する」は、「ロジカルに不安を取り除く」とともに使うことで「機能的ベネフィット」を高める相乗効果が期待できます。

最小限の階段をつくることは、聞き手にとって短期的な目標の再確認となり、行動を起こしやすくする力があります。そして、一歩一歩進んでいる実感がモチベーションを高め、持続させてもくれるのです。

### ■聞き手のモヤモヤを放置しない

ただ、人間はやっかいなもので、目の前の課題のクリアに集中して、成果が出ていても、ふとしたときに新たな不安が顔を出します。

「あれ？　自分は何でがんばっているんだっけ？」と。

日々の仕事や勉強に注力する分、中長期的な目標がぼやけてしまい、不安や疑問が膨らんでしまうのです。それを解消する方法の1つとして、「そもそも論から入る」を紹介しました。**聞き手に「そもそも」と問いかけることで、中長期的な目標を思い出してもらうわけです。**

その際、**同時に使ってもらいたいのが、「機能的ベネフィット」を高める5つ目のコツ「聞き手の理想の状態を言語化する」**です。

以前、医学部受験を考えているものの、成績が伸びない生徒から相談を受けたことがあります。

当然ながら、具体的な勉強方法は伝えました。最小限の階段をつくり、基礎から応用へ力が伸びていくようアドバイスし、夏から秋に向けて彼女は志望している大学の医学部の合格点に近づいていきました。

ところが、途中で彼女は医学部受験をするかしないかについて悩み始めたのです。

「親戚ががんになった経験から、医学部に進み、医師になりたい」

これが、「そもそも」と問いかけたときに出てきた彼女の目標でした。その目標が揺らいだのか、目の前の小さな階段にも集中できない状態になり、成績の伸びも停滞。そこで、私は彼女が思い描く理想の状態を知るため、目標について掘り下げた質問を投げかけていきました。

すると、彼女は「親戚ががんになった経験から、医学部に進み、医師になりたい」という目標とは別の理想の状態に気づいたのです。

●親戚ががんになった経験から、がんを引き起こす仕組みを詳しく知りたいと思った
●だったら、医学部に進み、医師になればいい

でも、受験勉強を進めるうち、違和感を覚えたわけです。

●がんを引き起こす仕組みを詳しく知り、医療に貢献したいなら、他にもっと最適な選択もあるのでは？

そこで私は、遺伝学を学ぶことができる生命科学研究という分野の存在を彼女に伝えました。その後、彼女は自分で調べ、志望先を医学部から理工学系の学部に変更。遺伝学やバイオサイエンスを学ぶことを新たな目標に設定し、リスタートを切りました。

「聞き手の理想の状態を言語化する」は、話し手の問いかけによって聞き手のやりたいことを整理整頓し、中長期的な目標を立てるテクニックです。

何か違うんだけど……と思いながらも、うまく言語化されていないモヤモヤに寄り添い、聞き手の中にあるやりたいことを言語化する手伝いをします。

短期目標に集中していると、どうしても視野が狭くなりがちです。それを広げ、より大きな可能性を感じてもらうことが重要です。**聞き手が自分の抱いている未来の理想像を言葉にできると、仕事や勉強に取り組むためのモチベーションは一気に高まります。**

つまり、「聞き手の理想の状態を言語化する」には、機能的ベネフィットだけでなく、情緒的ベネフィットを高める効果もあるのです。

**【POINT】**

- 理想を見失ったとき、人は不安になる。そんなとき、聞き手の理想の状態を言語化してあげると感謝される。
- 目の前の課題に集中するあまり、長期目標を見失ったとき、狭くなった視野を広げ、未来の理想像を再確認できれば、課題に取り組む姿勢を取り戻せる。

## 3章のまとめ

### 「機能的ベネフィット」で聞き手に納得してもらう

- 機能的ベネフィットは、聞き手が話を聞いたことによって得られる具体的な効果、効能、恩恵。
- 聞き手の抱えている問題を解決する情報提供を心がけよう。

### コツ1：聞き手の期待値を超えていく

- いい評価が得られるかどうかは、聞き手の期待値次第。
- 質問や相談をされたときこそ、期待値を知り、それを超えていくチャンス。真剣に応じて、高い評価を引き出そう。

### コツ2：希少性でメリットを際立たせる

- 単独では、その情報の価値が伝わりにくい。
- 比較できる情報や予知につながる情報を同時に提示することで、提供する情報の希少価値を高め、メリットを際立たせよう。

### コツ3：畏れられる存在になる

- 怖がられてはいけない。「あの人の言うことには一理ある」「耳を傾ける価値があるかも」と思われることが大事。
- 広い視野で多くの物事を結びつけ、話し手の存在感を高めよう。

### コツ4：ロジカルに不安を取り除く

- 多すぎる情報は聞き手を不安にする。
- 不安の原因を確認することから始め、聞き手が目標に近づけるように優先順位をつけることで、聞き手の頭の中を整えてあげよう。

### コツ5：聞き手の理想の状態を言語化する

- 目の前の課題のクリアに集中していると、いつのまにか本来の目標を見失いがち。
- 狭くなった視野を広げ、未来の理想像を再確認することで、聞き手の悩みを取り除いてあげよう。

# 4章

# ファンを広げる3つの戦術

*How to Sperk*

# 「あなたを評価してくれた人」どうしがつながる場をデザインする

2章では「情緒的ベネフィット」を、3章では「機能的ベネフィット」をメインテーマとして、「目の前にいる聞き手の心を動かし、納得してもらうことで、自らの評価につなげていく話し方」の解説をしました。

この4章では、次のフェーズで行うことをお話ししていきます。

## ■聞き手の社会的欲求と承認欲求を満たす

**4章で目指すのは、目の前の聞き手があなたの優れた評判を口コミして、広がりが生まれている状態。ファンが増え、ファンどうしの新たなつながりが生まれる場をデザインしていきます。**

ファンという言葉は、これまでも何度か出てきましたが、改めて定義すると、**「あなた**

**図表11　ファンを広げる3つの戦術**

**戦術1**　**モチベート**
**――聞き手のやる気を高める**（⇒194ページ）

**戦術2**　**ティーアップ**
**――コミュニティを盛り上げる**（⇒207ページ）

**戦術3**　**エンカレッジ**
**――仲間を勇気づける**（⇒214ページ）

**に優れた評価を与えてくれ、その他大勢の中からあなたを選んでくれる人」**のことです。

では、あなたを中心とした人の輪が広がる状態をつくるためには、どんな話し方が必要になってくるのでしょうか。そのコミュニケーションの方法を「3つの戦術」という切り口で紹介していきます（図表11）。

私はこの3つの戦術を、講師から生徒へというコミュニケーションの中で身につけ、その後、さまざまなビジネスシーンで活用してきました。当初は、ビジネスでの活用に対して、私自身が半信半疑でした。でも、実際に使ってみたら、大いに役立ったのです。「なぜか？」と考えてみたところ、それは私たち人間が抱いている根本的な欲求と関係していました。

**人と話し、コミュニケーションを取るとき、私**

**図表12　マズローの欲求5段階説（自己実現理論）**

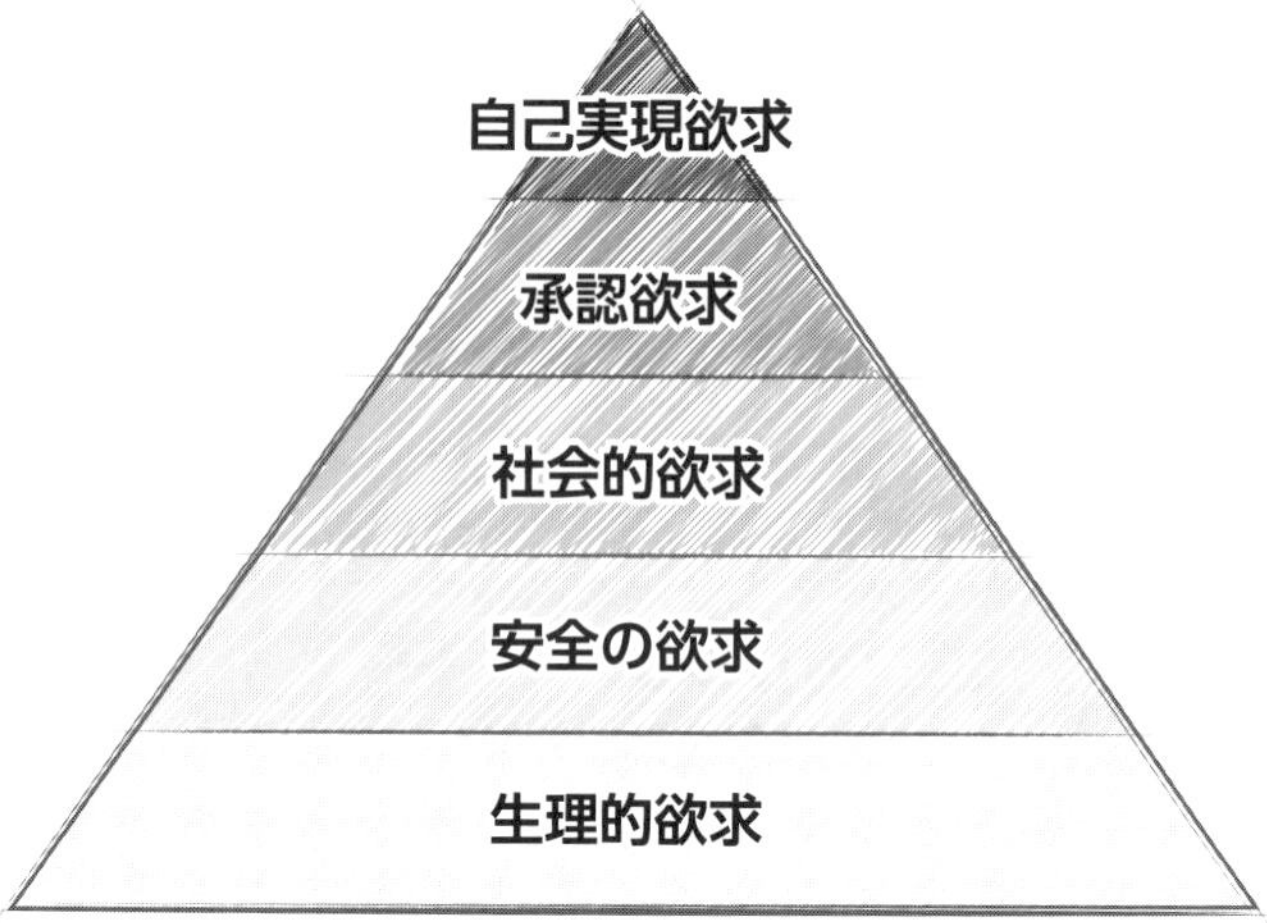


**たちは心のどこかで「仲間でいたい」「認めてもらいたい」「相手の役に立って、感謝してもらいたい」といった欲求を持っています。つまり、社会的欲求と承認欲求の2つを満たしたいと願っているのです。**

社会的欲求と承認欲求は、有名なマズローの「自己実現理論」に登場する考え方です。アメリカの心理学者アブラハム・マズローは「人間は自己実現に向けて絶えず成長する」と仮定して、人は5つの欲求を段階的に満たしていきながら、自己実現へ向かうと解説しました（図表12）。

5つの欲求は下から順番に、生理的欲求、安全の欲求、社会的欲求、承認欲求、自己実現欲求と続きます。新型コロナウイルスの流行によって、ブランド品を代表とする生活に付加価値を与える高級品の売り上げが例年より、大きく下がったそうです。これは、私たちが未知のウイルスによって「安全の欲求」に不安を感じたため、承認欲求を満たすブランド品への関心が下がったからだと考えられます。マズローも指摘していますが、５つの欲求は下から順に満たされないと次の段階に進まないからです。

これを受験生に当てはめた場合、彼ら彼女らにとっての自己実現欲求を満たすゴールは志望校への合格です。もちろん、合格後には新たな目標が生まれ、それを満たそうと絶えず成長していくわけですが、受験前の生徒にとって最大の関心事は受験の成功となります。

ところが、そのゴールを目指して予備校に来たはずが、勉強に集中できず、学力が思うように伸びない生徒がいます。彼らに共通しているのは、自己実現欲求の下層、つまり、社会的欲求と承認欲求が満たされずにいる不安です。

たとえば、高卒生は小中高と通っていた「学校」というコミュニティの場を失っています。これは自分が属している「社会」がなくなったようなもので、彼らは社会的欲求を満たすことに飢えています。また、進学校に通っていた生徒や部活動で後輩から慕われていた生徒は、卒業や引退したことで周囲からの承認が減少し、承認欲求が満たされにくくなり、戸惑っています。

ただ受験勉強をするだけでは、この2つの欲求が満たされないのです。そこで私は、受験生の自己実現をサポートする立場として、彼ら彼女らの社会的欲求、承認欲求を意識した話し方を心がけてきました。

また、私の講座を受けてくれる生徒に、「自分は犬塚先生と仲間たちのいるコミュニティの一員だ」と感じてもらえるような仕掛けにも力を入れました。コミュニティに属しているという実感は、社会的欲求を満たし、仲間と認め合うことでお互いの承認欲求を満たすことにもつながるからです。

そして、この4章で扱う「ファンになった聞き手が話し手のことを身の回りにいる人たちにすすめ、口コミが広がり、話し手を中心としたコミュニティができあがる」の狙いは、まさにこの2つの欲求を満たし、聞き手の自己実現欲求を満たす後押しすることにあります。

**「情緒的ベネフィット＋機能的ベネフィット」の両輪を同時に回すことによって話し手のファンとなってくれた聞き手は、誰かに口コミを広げることで、社会的欲求と承認欲求を満たすことができます。**

なぜなら、「あの人の話は役立つよ」「あの人に相談すると解決するよ」と伝えることが新たな聞き手からの興味・関心、感謝を引き出し、仲間を増やすことにもつながるからです。

とはいえ、この戦術が役立つためには1つだけ欠かせない要素があります。それは話し手であるあなたが、情緒的ベネフィットと機能的ベネフィットを提供できる存在であることです。ただし、そんなに身構える必要はありません。**聞き手を勇気づけたい、役に立ちたいという、真摯《しんし》な姿勢と少しばかりの戦術があれば十分です。**

この点をクリアし、あなたの身の回りにファンとなってくれた聞き手が何人かいるのなら、ファンを広げ、コミュニティをつくるステップに入る準備は整ったと言えます。

聞き手と、その向こうにいる新たな聞き手に向けて、アプローチしていきましょう。

このあと、ご紹介する3つの戦術を心がけてコミュニケーションを取ることは、社内で味方を増やしていくためにも、同じチーム内でリーダーシップを発揮するためにも、趣味のコミュニティで頼りにされる存在になるためにも、すべてのシーンで役立ちます。

## ■目の前にいる聞き手がコミュニティをつなぐハブになる

私たちはいくつものコミュニティに身を置きながら、暮らしています。

大学生であれば、「学校」「家族」「部活やサークル」「アルバイト先」「小中高の友人」「趣味のつながり」「ネット上のみでつながった仲間」など。

社会人であれば、「会社や仕事を通じたつながり」「家族」「副業を通じたつながり」「学生時代の友人たちとのコミュニティ」「趣味のつながり」「ネット上のつながりの仲間」など。

あなたの場合はどうでしょう？　ご自身が属しているコミュニティがいくつあるか、数えてみてください。１つの閉じたコミュニティだけで生きている人は限りなく少ないはずです。オンライン、オフラインの比重は異なるかもしれませんが、複数のコミュニティをまたぎ、多くの人とつながっているはずです。

つまり、**たった1人の聞き手をファンにすることは、その人が属するコミュニティともつながるきっかけづくりでもある**のです。

今、あなたの目の前にいる聞き手は、複数のコミュニティをつなぐハブ（結節点）となる可能性を秘めています。その人が自分の属するコミュニティに足を運んだとき、話し手であるあなたのことをどう伝えてくれるのか。それをイメージし、優れた評判と口コミを生み出すために、３つの戦術を使っていきます。１つずつ具体的にお話ししていきましょう。

【POINT】

●ファンは、あなたを評価してくれる人。ファンが集まるコミュニティをつくれば、ファンの数をさらに増やせる。

●3つの戦術を使い、口コミをデザインすることで、一人ひとりのファンがつながっているたくさんの知り合いにも、いい評判を広げることができる。

## 》戦術1

# モチベート——聞き手のやる気を高める

**ファンを広げ、コミュニティをつくるためには、自分の話が聞き手にどう伝わり、そこからどんなふうに広がっていくかをイメージする視点が欠かせません。**

聞き手があなたの話の「どの部分」にベネフィットを感じ、「どんな言葉」で新たな聞き手である第三者に伝えてくれるのか。話し手が「どう口コミされたいか」を想定しながら話すことで、いい評判をデザインできます。

### ■やる気と評判の好循環づくりを目指す

1つ目の戦術は「モチベート（Motivate）」です。「やる気にさせる」という意味です。

情緒的ベネフィットと機能的ベネフィットで分けるなら、情緒的ベネフィットに重心を置いたコミュニケーションです。**聞き手のやる気を高め、行動を促し、いい結果を得ても**

**らい、その経験談を周囲に語ってもらう。そんな口コミをイメージしながら、語りかけていきます。**

たとえば、スポーツの世界で名コーチと呼ばれる人たちがいます。彼らは一流のアスリートを育て、その力を開花させる力に長けています。なぜ、それが可能になるのでしょうか。

彼ら彼女らはコーチとして優れたコミュニケーション能力を持っています。ただ、それだけが理由ではありません。彼らのもとには、その評判を聞き、一流のアスリートとなる可能性を秘めた若者が集ってきます。つまり、口コミの力が働くことで、名コーチのいる名門校には金の卵が集い、切磋琢磨し、力を伸ばしていく環境が整って、一流選手が巣立っていく。そんな好循環が生まれるのです。

同じことは、あなたの働く会社や身の回りでも起こっているのではないでしょうか？

- **あるリーダーのもとにはいい人材が集まり、グループ全体が活気づき、好業績を上げている**
- **行きつけにしているお店には、おいしい食事に加えて、話すうちに元気が出てくる店主の明るさがあって繁盛している**

●人気の講師のもとには個性のある受講生が集まり、授業を通じていい仲間が増えていく実感が得られる

私たちは本能的に、自分のやる気を高めてくれる人、ポジティブなエネルギー量を多く感じる場所に心惹かれるものです。

話すだけでなく、話し手自身が行動を起こしていることも大切です。行動を伴わない大げさな語りは暑苦しいだけで、聞き手に底の浅さを見抜かれてしまいます。過去の私もそうでした。

ファンを広げたり、コミュニティができたりする裏には、話し手自らが発するエネルギーと周りのやる気に火をつけたいという思いがあるのです。

## ■やる気は「オン／オフ」ではなく、「ハイ／ロー」

モチベートのうまい話し手は、やる気の仕組みについてよく理解しています。

勉強をする気にならない。やる気スイッチがオンにならない。

駿台時代も、今も、私はそんな生徒の声をよく耳にしています。そして、アドバイスを

求められたときには、「やる気にスイッチがあるとしたら、それはパチン、パチンと『オン（On）／オフ（Off）』を切り替えるスイッチではないんだ。電車の運転席にあるアクセルバーのようにじわじわっと押し上げて『ハイ（High）』にし、押し下げて『ロー（Low）』にするような仕組みだよ」と伝えています。

加えて、やる気スイッチはスイッチを入れるときに最も多くのエネルギーが必要になるのです。

アクセルバーで言えば、ぐっと押し上げる最初の「ぐっ」のときに力をかけなければなりませんが、いったん動き出すと、スローダウンすることはあっても、しばらくはやる気が持続します。

ですから、やる気を失っている聞き手に、話し手が「やる気、出そうぜ！」「元気出して、がんばろう！」と発破をかけても効果は薄く、むしろ、「この人わかっていないな」「悩みが伝わらないな」と評価を下げる結果になります。

ここで話し手に求められるのは、３章でお話しした機能的ベネフィットを備えた具体的な方法の提案です。

**「やる気、出そうぜ！」と語るのではなく、最も多くのエネルギーが必要になる最初の一歩を踏み出すしんどさに共感し、その段差を越えるための方法を伝えるのです。**

たとえば、「作業興奮」と呼ばれる現象があります。これはやる気が出ないときも手始めに何か簡単にできる作業を始めることで、気づくと集中状態に入っているという現象です。

勉強で言えば、「とりあえず今日は5分だけ、単語帳を見てみようっと」と手づくりの単語帳をペラペラめくります。めくって眺めるだけですから、かかる負荷は小さく、最初の一歩を踏み出しやすい作業です。そのうち、ある単語の類語が気になり、調べ始め、気づいたら30分くらい英語の勉強が進んでしまった、と。これが作業興奮の典型的パターンです。

では、なぜこんな現象が起きるのでしょうか。

それはドーパミンという神経伝達物質と関係しています。脳内でドーパミンが分泌されると、私たちはやる気に満ち、集中力を発揮することができるのです。となると、浮かんでくるのが「どうしたらドーパミンが出るのか？」という疑問。

じつは、ここに作業興奮の秘密があります。

ドーパミンを分泌する脳の部位「側坐核《そくざかく》」が活性化するのは、行動を起こしているときなのです。つまり、簡単な作業だとしても、まずは行動を始めること。それがやる気を高めていくきっかけとなります。

**人間は、行動を起こすから「やる気」が出てくる生き物**といえます。

勉強や仕事、家事など、やらないといけないことが思いの外、スムーズに片付いたとき、私たちは「やる気が出たから」と記憶しがちです。でも、本当は小さな一歩を踏み出したことで、じわじわとやる気が出始めたのです。

ですから、面倒に感じているときこそ、「5分だけ、やってみよう」と手を動かしましょう！　こんなふうに語りかけられたら、試してみようかな？　と思いませんか。これがモチベートのうまい話し手がやっているコミュニケーションの一例です。

## ■背中を押してくれる話し手を、人は口コミしたくなる

モチベートがファンを広げるために有効なのは、**私たちは自分の背中を押してくれた人に結果として好感を持つためです**。やる気が出ないと悩んでいるとき、行動を起こすきっかけとなるアドバイスをくれた話し手のことは好感とともに強く記憶に残ります。

そして、同じ悩みを抱える仲間が入れば、「あの人に聞いたんだけど……」「あの人に相談してみたら？」と口コミするようになるのです。

たとえば、人気の占い師のもとに行列ができるのも、相談者に行動のきっかけを与え続

けているからです。

「本当はもっとやりたいことがあるんじゃないの？」
「あなたの性格上、今やっていることよりも、こっちのほうが向いていると思います」

こんなふうに疑問を投げかけたり提案したり、相談者が行動を起こすよう促していきます。これは、やるか、やらないかの決定権を相談者に委ねています。

占い師の投げかける言葉によってきっかけをつかみ、「やろう！」となった場合、自分で決めたという「自己決定感」が本人に残ります。そして、行動した結果がいい方向へ向かえば、意思決定を促してくれた人への好意も膨らんでいくのです。

じつは、「教育者は五者たれ」という言葉もあり、教える仕事をするうえで、学者、役者、易者、芸者、医者の資質を兼ね備えていることが重要と言われています。この中にある易者は、教え子の能力を見抜き、将来の見通しを持って指導する、いわば占い師的な役割を指しています。

私は占い師ではありませんが、この考えに従い、予備校講師時代、現役生に対して未来に起こりうる天国と地獄を同時に見せるよう心がけていました。

というのも、現役生は「今のままコツコツやればきっと努力が報われ、合格できるはず」という夢を見がちだからです。現実には合格圏に届いていないにもかかわらず、自分の努力を過大評価してしまい、未来を楽観視。根拠のない自信を持ったまま、本番で挫折するケースが少なくありません。私自身がそんな現役時代を過ごしてきたからわかります。

予備校講師という職に就いてからは、生徒たちのそういうケースも山ほど見ていますから、「このままでも大丈夫だと思っていない？」「本当は不安だけど、いい面ばかりを見ていない？」と働きかけつつ、３章で紹介した「ロジカルに不安を取り除く」などのアプローチで「こうやれば天国（合格）、やらないと地獄（不合格）。どっちを選ぶ？」とアドバイスしていました。

**ネガティブな未来の可能性を示唆することで、ポジティブな方向に向かうよう背中を押していたわけです。**

## ■「損失を回避したい」と思う心理を利用する

ネガティブな未来の可能性を示唆することは、一見、やる気を失わせる結果に結びついてしまいそうです。ところが、実際は聞き手をモチベートすることにつながります。

なぜかと言うと、私たちには「損失を回避したい」という強い心の動きがあるからです。行動経済学の世界では「プロスペクト理論」と呼ばれ、簡単に言うと、**人は、得をしたい思いよりも、損をしたくない思いのほうが強い**のです。

この心理は受験生にも働きますし、仕事や投資など、さまざまな物事の判断時にも強く影響を与えます。ですから、「このままで大丈夫？」とネガティブな未来を示唆することで、聞き手は「損をしたくない」「失敗を回避したい」と感じ、「そのためには、どうしたら？」と考えます。

これがモチベートにつながっていくわけです。

ただし、ネガティブな未来を示唆する際には、必ず守っていただきたい重要なポイントが1つあります。それは感情的に煽《あお》らないことです。

**ネガティブな未来については、淡々と可能性の高い事実を語るのがコツです。**

たとえば、模試の点数が下がってきている生徒がいたら、「この時期に模試で○点台の場合、○○大学は厳しいよ」「過去に教えてきた生徒の学力の伸び方を考えると、今の時期にあれこれ迷っていると志望校の合格は難しいよ」と。また、彼女がいる男子生徒には「彼女だけが合格し、キミだけ落ちたら、来年はどんな夏になるのかな」と伝えることもあります。

逆に、**話し手の感情や憶測をベースにした枕詞は不要です。**「こんな点数を取ってどう思っているの？」「最近、真剣に勉強していないんじゃない？」「教えているほうも悲しいよ」といった言葉です。その言葉に聞き手が苛立ち、ネガティブな未来を冷静に想像できなくなってしまうからです。

話し手は感情的な表現は使わず、淡々と伝えること。そうすることで、「このままでは損をすることになる」という可能性をはっきりとイメージし、今ある価値や費やしてきた努力を失う怖さがモチベーションに変わっていくのです。

## ■「身体化された認知」効果でやる気を持続させる

**聞き手のやる気スイッチのレバーがハイに入ったら、その状態を持続できる方法を伝えると、さらなる優れた評判を得ることができるようになります。**

たとえば、作業興奮を起こすため、「まずは5分間、ペンを片手にテキストを読み、大事だと感じたところに線を引いてみよう」「線を引きつつ、覚えたい用語が出てきたら、その言葉と意味をノートに書き取っていこう」と機能的ベネフィットのある話を伝えたとしましょう。

聞き手がそれを実行し、「最初はぼんやりテキストを目で追っていただけだけど、線を引くうち、やる気が出てきた」「ノートに書き写しているうち、自然ともう1個の用語も覚えようと勉強していた」などと実感。気づくと、その日は30分、1時間と勉強できたとしましょう。

いい結果ではありますが、モチベートされたその日だけの単発で終わってしまうか、それとも翌日以降も継続できるかによって、優れた評判が口コミされるかどうかは大きく変わってきます。

つまり、話の中に聞き手が自分できるでも機能的ベネフィット、つまり**再現性の高いやる気の高め方を盛り込むことが重要**です。

すると、「あの先生の言ってたやり方を試してみたら、これまでできなかった勉強の習慣化ができた！」となり、優れた評判が口コミとなって広がっていき、勝手にファンを増やしてくれるサイクルが始まります。

**「勉強や仕事で高まったやる気を持続させ、習慣化する」には、聞き手のやる気が出た状況を記録するといった方法が効果的**です。

### ●「やる気が出た状況」を記録する際のポイント

●作業 → 実際にどんな作業（勉強や仕事）をやったかなど
●時間帯 → 何時〜何時だったかなど
●場所 → 教室のどの席だったのか、どこの図書館だったか、家の中のどの場所だったかなど
●周囲の人物 → 1人だったのか、周りに誰かいたのか、その人はどういう人だったか（仲のいい友達、親、知らない人）など
●前後の環境 → 勉強や仕事をやる10分前は何をしていたのかなど

こうした記録を続けていくと、聞き手がやる気を出し、集中できた環境が見える化されます。そして、やる気を出したいときは、同じような環境を再現。すると、モチベートされてやる気が出たときと同じ集中状態をつくり出すことができるようになります。

**これは認知科学で「身体化された認知」と呼ばれている心理効果で、うまくいったシチュエーションを再現し、そこに身を置くと、脳はその環境に反応して自然とやる気や行動力、集中力を高めてくれるのです。**

こうした脳の仕組みを理解して、実行し、うまくいくと聞き手は自分が成長していることを実感できます。一歩進んでいる自信、新しい技術を体得した感覚は、学習の最大の喜

びです。つまり、機能的ベネフィットを盛り込んだモチベートによって、聞き手の情緒的ベネフィットが一気に高まります。

そして、自分がやる気になってうまくいったエピソードは、自然と誰かに語りたくなるもの。つまり、話し手によるモチベートで起きた聞き手のポジティブな変化は、優れた評判の口コミとなってファンを増やしていってくれるのです。

**【POINT】**

- 人は、背中を押してくれる話し手のことを口コミしたくなるもの。
- 本人がやる気になってうまくいったエピソードがあれば、なおさら誰かに語りたくなる。
- 聞き手のやる気を高め、行動を促し、いい結果を得てもらうことで、やる気と評判の好循環をつくり出す。

》戦術2

# ティーアップ——コミュニティを盛り上げる

2つ目の戦術は「ティーアップ（Tee-up）」です。

ここで言うティーは、ゴルフでティーショットを打つときの道具。プラスチックや木でできた釘状のティーを芝生に差し込み、その上にゴルフボールを乗せ、ドライバーやウエッジなどのクラブでティーショットを打ちます。

ティーアップとは、ティーにゴルフボールを乗せ、打ちやすい状態にすること。そして、**ここで2つ目の戦術として紹介する「ティーアップ」は、話し手と聞き手のいるコミュニティ全体を持ち上げ、印象を良くしていくことをイメージしています。**

## ■「内集団バイアス」の心理をうまく活用する

3章で「機能的ベネフィット」を高めるコツとして「畏れられる存在になる」を紹介し

ました。そこでは話し手が聞き手から「あの人の言うことには一理ある」「耳を傾ける価値があるかも」とリスペクトを持たれる存在になるようアドバイスしました。

**「ティーアップ」とは、聞き手が自分の属しているコミュニティに価値を感じている状態のこと。**そのうえで、コミュニティの外にいる人たちに向けて、話し手と聞き手を含めたコミュニティ全体の優れた評判を広めてくれることを目指します。

なかなか難易度の高い戦略のように思えますが、実際にはそうでもありません。というのも、私たちには自分が属する集団を他の集団よりも高く評価する「内集団バイアス」という心理が根づいているからです。

「うちの課は、よその課よりも風通しがいい」
「うちのクラスは、他のクラスより成績優秀者が多い」
「いいリーダーに恵まれているから、全員が切磋琢磨できる環境がある」

ただし、内集団バイアスには、自分の属している集団以外を下に見て差別的な態度を取ってしまう、といったデメリットがあることには気をつけたいところです。他のコミュニティと比較するのはかまいませんが、根拠なく向こうを下に見たり、攻撃したりするような集団になってしまうと、ネガティブな評判が立ってしまいます。

その点だけ注意しながら、内集団バイアスの心理をうまく活用すると、聞き手のメンタルをポジティブな状態に引き上げ、自分たちの属するコミュニティへの好印象を高めることができます。

たとえば、私は駿台時代、「あの先生は問題の解析能力が飛び抜けている」「あの先生は過去の入試問題の研究を誰も真似できないくらい徹底的にやっている」「あの先生の授業は一見、地味に思えるかもしれないけど、毎年、受けた生徒の学力が目に見えてアップしていくんだよ」など、他の優秀な講師の人たちを積極的に褒めていました。

これは周囲の講師たちをティーアップすることで、駿台予備学校に通っている生徒たちが自分自身にも自信が持てるよう働きかけるためだったのです。

## ■コミュニティの評価を上げれば、自身の評価もおのずと上がる

そんなふうに自分の周りにいる優秀な講師をティーアップしていると、自然と自分自身の評価も上がっていきます。

なぜなら、聞き手は「それだけ優秀な仕事のできる講師たちと同じコミュニティにい

て、生徒を教えているのだから、この人も同じくらいすごいのだろう」という印象を持つからです。

ティーアップは、むしろ、集団や組織が交わりやすいビジネスの世界で有効です。

たとえば、あなたが上司と一緒に新規の取引先に営業へ行ったとしましょう。そこで、クライアントに向けて、上司のいい評判を話して、上司をティーアップするのです。

「○○は以前、□□というプロジェクトを主導して成功させました。部下の私が言うのもおかしなことかもしれませんが、本当にチームメンバーをもり立てるのがうまく、クライアントの要望には細かく対応し、両者のハブになって、当社と取引先が大きなチームのようになっていったんですよ」

ポイントは、身内に向けたポイント稼ぎやお世辞ではないこと。うまくいった事実や実績があり、そこに上司がどう貢献したかをクライアントに伝えることで、相手に「この人やこのチームは今回、私たちにとって役立つ仕事をしてくれる」と期待させることができるのです。

そして、上司をティーアップした話し手自身の評判も、社内外で高まります。

**このティーアップの説明をするとき、私は、幼い頃に買ってもらった船のおもちゃのたとえ話をよくします。**お湯が少ないときに浴槽に船を入れたら、浴槽の外からは船が全然見えません。ただ、お湯を増やしていくと、水面に浮かぶ船をしっかり見ることができます。ティーアップとは、まさにこのことです。船はその人が持っている本当の価値を表していて、お湯はその人が属するコミュニティ（浴槽）の評判です。お湯を増やすだけで、浴槽の外にいる人たちにも、船の価値をわかってもらえるようになるのです。

**ティーアップを使いこなすうえで重要なのが、的確な他己紹介のスキル。**つまり、他人の自己紹介を代わりにしてあげるスキルです。

「この人はすごいんですよ」ではなく、ティーアップする相手、コミュニティの実

[お湯が少ないとき]
船が
見えないよ〜
[お湯を増やしたとき]
ワーイ！
船が見える！

績、スキル、考え方、理念をつかみ、聞き手に説明していきましょう。そのためには事前のリサーチが欠かせません。あなたの周囲にいる人をティーアップするなら、事前にこんな項目について話を聞く、観察するなどして他己紹介の素材を集めていきましょう。

**●ティーアップする相手の情報を集めるための質問**

●これまでどんなことを勉強してきたのか？
●どんな会社に勤めて、どんな仕事をしてきたのか？
●これまでの実績、誇れる成果にはどんなものがあるか？
●さまざまな仕事、作業の中で好きなこと、得意なことは？
●休みの日に何をしているのか？

また、あなたや聞き手のいるコミュニティをティーアップする場合も、こうした項目を準備しておきます。

**●コミュニティの魅力を見つけるための質問**

●どんな価値観を持った人が集まったコミュニティか？

●コミュニティとしてどんな実績、成果を上げてきたか？
●人にコミュニティをすすめるとして、どんな特徴があるか？
●このコミュニティに属する人たちが得意としていることは？
●コミュニティにいるとき、あなたや聞き手はどんな喜びを感じるか？

話し手が聞き手の属しているコミュニティの魅力を再発見すること。本人からは発信しにくい業績や成果にスポットライトを当てて、コミュニティの中に優れた人がいると知らせましょう。こうした働きかけによって、そのコミュニティの価値が高まります。

当然、コミュニティの優れた評価が口コミによって広がることで、話し手に関心を持つ人も増えていくのです。

【POINT】
●ファン（聞き手）が集まるコミュニティの評価は、話し手の評価。
●コミュニティが盛り上がれば、話し手の評価も上がる。
●コミュニティに参加してくれている人たちの優れた評判を、いろんな人にどんどん広げることで、コミュニティの価値が高まる。

》戦術 3

# エンカレッジ——仲間を勇気づける

3つ目の戦術は「エンカレッジ（Encourage）」です。「勇気づける」という意味です。聞き手やコミュニティの仲間がネガティブになっているときや、怖気づいてしまっているときに、そばに寄り添い、勇気づけてあげられる人を目指しましょう。

## ■メッセージに「一緒に」を盛り込む

**周囲に勇気を配れる話し手、安心感を覚える話ができる人の周りには、自然とファンが集まるようになります。**

たとえば、私は受験生である生徒たちに必ずこんなメッセージを伝えています。

「たしかにボクはキミたちと一緒に受験をするわけではない。でも、キミたちが志望校に受かるための一番大事な時間を共有することは確かだ。そして、キミたちが受かることがボクの目標でもある。全力を尽くすし、キミたちが志望校に合格できない。つまり、ボクの目標も達成できないということだから、ボクらは同じ船に乗っているんだ」

これは「生徒が志望校に合格しないと講師である私の評価が下がるという話ではなく、同じ目的に向かって一緒に歩んでいるんだ」という意思表明です。

**聞き手をエンカレッジするときは、メッセージに「一緒に（with）」を盛り込みましょう。**一緒に歩む雰囲気をつくっていくことで、「コミュニティやグループそのものが魅力的だ」という口コミが広がっていきます。

実際、駿台時代の私は教えていた千葉県にある柏校で、生徒たちと一緒に柏校内の上位クラスでも実現できない合格実績を出したことがあります。そのときは柏市近辺の高校で「駿台柏校のあのクラスにいると、みんなで受験勉強をがんばれる雰囲気で、めっちゃすごい合格実績が出てるらしいよ！」という口コミが広がり、とてつもない合格実績が出た初めての年度は「奇跡の世代」と称されるほどでした。この噂は予備校生たちの通う高校を通じて他の予備校にも伝播していきました。

「ワンチーム」
「クラス一丸となって」

「みんなで同じ船に乗り」

そんなキーワードを意識的に使い、コミュニティ全体をエンカレッジしたことで「あの先生が受け持つクラスは受かるコミュニティ」「あのグループに属していると結果を出せる」という口コミを意図的にデザインすることができたのです。

## ■情緒的ベネフィットのアプローチだけでは不十分

「エンカレッジ」を行う場合も、情緒的ベネフィットと機能的ベネフィットの両輪を回すことが重要です。メッセージに「一緒に（with）」を盛り込むのは、2章でお話しした情緒的ベネフィットからのアプローチ。そこで、コミュニティのいい雰囲気が高まっていったら、随時、機能的ベネフィットを盛り込んだコミュニケーションを増やしていきます。

**機能的ベネフィットがエンカレッジとして効果を発揮するのは、コミュニティに属する人たちが困難に直面したとき**です。

たとえば、受験生にとって、夏休み期間を含んだ夏の学習は、受験の成否を分ける重要なもの。ところが、実際には勉強が思うように進まず、9月の模試で成績が出ないケースが多発します。

長年、講師をしていると、夏に起きる生徒たちの勉強の計画倒れは当たり前の出来事になってきます。そこで、多くの講師は夏前に「勝負の夏」「合否を分けるのは夏の準備」といった情緒的ベネフィットのメッセージを発して、生徒のやる気と本気を引き出そうとするわけです。

しかし、現実には8割近い生徒が計画倒れを経験し、少なからず自信を失ってしまいます。やはり、中長期的な成果を出させるには、情緒的ベネフィットからのアプローチだけではなく、機能的ベネフィットも必要不可欠なのです。

これは仕事の現場でもよく起きる現象です。

ある程度の経験を積んだリーダーや上司であれば、若手の仕事ぶりを見て、「このまま行くとうまくいかないかもな」と感じ取ることができます。ところが、そこで「もっと慎重に」「時間に余裕を持って取り組めよ」と言ったところで、状況を改善することは稀《まれ》です。

結局、わかっていたのにうまくいかなかったことで、リーダーや上司は若手を叱責。その言葉で若手は傷つき、自信を失い、チームやグループにも停滞ムードが漂います。そして、リーダーや上司は「リーダーシップ不足」という悪い評判に悩まされる結果に……。

こうした状況を避けるためには、機能的ベネフィットを備えたエンカレッジが必要です。つまり、具体的なノウハウを含むアドバイスです。

## ■的確なアドバイスに欠かせない「時間感覚」の把握

**具体的なノウハウを含むアドバイスを行う際に、鍵を握るのが「時間感覚」です。的確なアドバイスを行うには、聞き手の時間感覚を知る必要があります。**


たとえば、あなたが1日の仕事（勉強）のスケジュールをつくるとき、基準となるモノサシを持っていますか？　1つ1つの作業（勉強）にかかる時間をなんとなく過去の経験から「これくらいかかる」と決めていませんか？

仕事であれば、

- 午前中はアポイントを取るための電話やメールでの連絡作業
- 午後の早い時間は外回り
- 夕方は会議のための資料作成と報告書の作成

などというように。受験生であれば、

- 午前中は化学の教科書の復習
- 午後の早い時間は化学の過去問題集を解く
- 夕方は英語など他の教科の学習

といった感じです。

じつはここに落とし穴があります。

複数の心理学の研究で明らかになっていることですが、**私たち人間にもともと備わっている時間感覚はかなりいい加減なもの。あなたも私も、部下も学生たちも何かに取り組むとき、それにかかる時間や労力を軽めに見積もってしまう傾向があるの**です。

これは「計画錯誤」と呼ばれ、学位論文を書いている大学4年生を対象にした実験では、こんな結果が出ています。

研究者は、論文を書いている学生たちに「いつごろ書き終わるか」と聞き、最短のケースと最長のケースを予測させました。

そのとき、学生たちが予想した最短日数の平均は27日、最長日数は49日でした。ところが、実際に論文が書き終わるまでにかかった日数は平均56日。最短の予想日数通りで書き終えた学生はほんの一握りで、最長のケースと予想した日数で書き上げた学生も半分以下でした。

つまり、事は計画通りに運ばないのです。

**しかし、計画通りにいかないことで、聞き手が落ち込んでしまっては、せっかくのアドバイスもエンカレッジになりません。**

では、どう対処すれば、聞き手が達成しやすい計画をアドバイスできるようになるのでしょうか。

## ■失敗した際の対処法が聞き手を元気づける

やり方は2つあります。

1つは、**聞き手がどのくらいの時間でその作業（勉強）を終えることができるかという、作業のログ（記録）を取る方法。**もう1つは、**聞き手に「よく知る友人、同僚が同じ作業をした場合、どのくらいで終えられるか？」を予測してもらうという方法**です。

どちらもポイントとなるのは、「客観性」。

私たちは、自分が費やす時間や労力には楽観的になってしまう一方で、他人の能力は冷静に推し量ることができます。ですから、時間配分に関しても客観的に判断していくと、失敗が少なくなるのです。

たとえば、教科書の復習を2ページ進めるのに何分かかるのか？　その間、読むのにかかった時間はどのくらいで、ノートをつけ、問題を解いていたのはどのくらいだったのか？　あるいは、30分予定のプレゼンに向けた資料作成には、どのくらいの時間が必要になるのか？　その間、参考資料やデータを探すのにかかっていた時間は何分で、実際に手を動かし、テキストを作成するのに何分かかったのか？

1つ1つの作業を分解し、ログを取ります。自分の本当の作業能力を知ることで、計画錯誤の罠から脱することができるのです。

**こんなふうに具体的なノウハウを盛り込みながらエンカレッジすることで、聞き手を含めたコミュニティ全体に納得感が広がります。**

大事なのは、**勉強や仕事計画が乱れる、乱れないではなく、乱れることを前提にしてどのように対策を取っておくか**です。

「がんばれよ」「やればできる」といった情緒的ベネフィットを刺激するエンカレッジも、もちろん重要ですが、機能的ベネフィットがふんだんに盛り込まれた、具体性を帯びたアドバイスも聞き手を元気づけます。

失敗してもいい。その失敗を糧にして、次にどう取り戻せばいいのか。そのやり方を具体的に伝えることで、話し手は聞き手から強い信頼を得ることができるのです。

勉強法や仕事の進め方に限らず、具体性をもったエンカレッジは結果としてコミュニティを魅力的なものに変えていきます。

## ■ロジカルな話を、感情を込めて話す

エンカレッジしている根拠をロジカルに語ることも、聞き手の信頼を得るうえで効果的です。

たとえば、志望大学の偏差値の高さに驚き、受験に二の足を踏み始めた生徒には、過去のデータから割り出した合格最低点を伝えるようにしていました。

志望大学への合否は模試の偏差値ではなく、その大学の試験で合格最低点を超えるかどうかで決まります。それも、すべての科目で合格最低点を超える必要もなく、重要なのは

全体の総得点。ですから、各科目の得意不得意にアンバランスがあっても問題ありません。

生徒が「志望校の過去問をやって3割しかできなかった……」と落ち込んでいたとしたら、難関校受験の現実を伝えます。

「早稲田大学の理工学部は出題された問題の5割ほど得点できれば、だいたい合格する。今の時点で3割できているなら、あと2割増したら、合格最低点はクリアできる。どうやったら残りの3カ月で2割積み上げられるか。その勉強の方法を一緒に考えよう。それができれば、合格できるよ」と。

悩みに寄り添いつつも、数字と照らし合わせながらエンカレッジすることで、生徒は再び前向きな意思を取り戻します。

また、**話し手は、聞き手やコミュニティに属する人たちに向けて、いつも変わらぬ熱量を持ち、語りかけるよう心がけましょう。**

私も10年以上、化学の講師をしてきて、まったく同じ教材を用いる授業を1週間に9クラス受け持ったこともありました。すると、1週間に9回同じ話をするわけです。話し手として伝える内容に飽きを感じることもありました。これはどんな仕事に就いている人にも当てはまることだと思います。

情緒的ベネフィットを刺激して聞き手をモチベートし、機能的ベネフィットを盛り込んだ話でエンカレッジしていく。最初のうちは伝えている内容の目新しさや効能への自信から、熱量たっぷりに話すことができます。

ところが、3回、4回と同じような状況で別の聞き手に働きかけていくうち、「また同じことを言っているな」「内容に飽きてきたかも」と感じる場面が出てきます。

そうなったとき、話し手が自分の語る内容に飽きや疑いを持ってしまえば、それはすぐに聞き手に伝わります。コミュニティ全体の士気も落ちていきます。

たとえ同じ構成の話であったとしても、内容に自信を持ち、変わらぬ熱量で伝えていくこと。「もう話すの飽きたな……」と思うような事務的なことであったとしても、もしかしたら目の前に座っている人たちにとっては、目新しく感じられることかもしれません。

**聞き手一人ひとりに合わせて、語りかけるコミュニティそれぞれに合わせて、話す内容をバージョンアップさせていくくらいの熱量や愛情を持って語りかけていきましょう。**

それが優れた評判をデザインし、口コミを広げるエネルギーとなるのです。

【POINT】

- ロジカルな話を熱量たっぷりに話すことで、コミュニティに元気を提供する。
- 特に聞き手が失敗したときが大事。対処法を一緒に考えることで、仲間を勇気づける。
- 周囲に勇気を配れる話し手、安心感を覚える話ができる人の周りには、自然とファンが集まる。

## 4章のまとめ

### コミュニティをつくって、ファンを広げる

- 1人の聞き手の背後には、その人がつながっているたくさんの人がいる。
- 3つの戦術を使い、優れた評判と口コミをデザインすることで、ファンが集まるコミュニティをつくりあげよう。

### 戦術1：モチベート——聞き手のやる気を高める

- やる気になってうまくいったエピソードは、自然と誰かに語りたくなるもの。
- 聞き手のやる気を高め、行動を促し、いい結果を得てもらうことで、やる気と評判の好循環を目指そう。

### 戦術2：ティーアップ——コミュニティを盛り上げる

- ファン（聞き手）が集まるコミュニティの価値が上がれば、話し手の評価も上がる。
- コミュニティに参加してくれている人たちの優れた評判は、いろんな人にどんどん広げよう。

### 戦術3：エンカレッジ——仲間を勇気づける

- 周囲に勇気を配れる話し手、安心感を覚える話ができる人の周りには、自然とファンが集まる。
- ロジカルな話を熱量たっぷりに話して、コミュニティに元気を提供しよう。

# 5章

# ファンが離れていく13のタイプ

*How to Sperk*

# あなたのファンとコミュニティを守るために

優れた評判が口コミされるようになると、あなたを取り巻く環境に大きな変化が生じます。

ファンが増え、多くの信頼が集まることで仕事や人間関係がよりスムーズに運ぶのを実感するようになるでしょう。

また、居心地のいいコミュニティが少しずつ広がっていき、あなたの発するメッセージに耳を傾け、アドバイスに感謝しながら行動に移す人も増えます。すると、達成感を伴った責任感を持つようにもなるはずです。

一方で、別の変化も起きます。**優れた評判が口コミに乗って広がった結果、あなたはコミュニティの外の人たちからも注目を集めるようになるのです。**

そこで気をつけなければならないことが、5章のテーマとなります。もし、そのような状況の変化が起きているという実感がまだないようでしたら、この章は読み飛ばしてもかまいません。ただ、あなたに「また会いたい」と思ってくれる人が増え、その人たちとの関係性を守っていきたいと思うような状況でしたら、ぜひ参考にしてください。

## ■信頼関係の内側と外側で、話し方を変える

**すでに信頼関係が培われている相手への話し方。**
**信頼関係が築かれる前の相手への話し方。**
**この2つには大きな違いがあります。**

情緒的ベネフィットと機能的ベネフィットをうまく使いこなし、聞き手をファンにできるようになった話し手ほど、優れた評判の口コミが広がり、ファンが集まったコミュニティ内の人だけでなく、外の人とも接する機会が増えます。

コミュニティの外の人たちは話し手の優れた評判を聞いている分、「どれくらいすごいんだろう？」と試すような心持ちで話に耳を傾けてくるのです。そこで、話し手がコミュニティ内でならば通じていた話し方をすると、壁にぶつかります。

本人はいつも通りのパフォーマンスを発揮したつもりが、新たな聞き手の心には響かず、むしろ反発を生んでしまうのです。

信頼関係の内側と外側では、話し方を変えなければいけません。この切り替えを忘れてしまうと、SNSは炎上し、せっかく築き上げたコミュニティの輪がそれ以上、広がらなくなってしまいます。次のような状況に陥ってしまうのです。

●自分では十分に価値があると思えるメッセージを発し、気持ちを込めて伝えているのに、なぜか聞き手に響かない
●聞き手から「ありがとう」の言葉が返ってくるどころか、「あの人はちょっと」「アドバイスがよくわからない」といった評判が立ってしまう
●「あの人、上から目線だから」と言われる

話し手であるあなたの語る話の内容は、情緒的ベネフィットと機能的ベネフィットを含み、価値あるものだったとしても、言葉の端々ににじみ出るコミュニティ内を向いたニュアンスが、コミュニティの外にいる聞き手の心に拒否感を芽生えさせてしまう場合があるのです。

## ■成功体験への固執によって失われるもの

私も、コミュニティの内側と外側にある壁を痛感したことがあります。

駿台で5年目、通常授業で成果を出し、受験生の間でうれしい評判が立ち、夏期講習や冬期講習に多くの生徒が集まるようになりました。

夏期講習や冬期講習には、普段は予備校に通っていない生徒、つまりコミュニティ外の人たちもたくさんやってきます。そこで、私はいつもの調子で講義をし、生徒をモチベートしたつもりになっていました。

ところが、講習が終わってからのアンケートを見ると「自慢っぽい話が多かった」「命令口調」「内輪向けの話はつまらない」といった厳しい言葉が記されていたのです。

書いていたのは、夏期講習や冬期講習で初めて私の授業を受けた生徒たちでした。

私としては、話し方に磨きをかけ、手応えを感じ始めていた最中だっただけに、このアンケート結果を見た日の夜は、強めのお酒を一晩中飲んでいたことを今でも覚えています（途中から記憶はあいまいですが）。

●ホームでしか通じない話し方をしてしまうと、アウェーでは反発される
●コミュニティの外に出たときは、ニュアンスに気をつけないと話し手と聞き手の感覚にズレが生じる

そんなコミュニティの内と外の間にある違いに気づかず、コミュニティ内でうまくいった成功体験にこだわり続けると、２つの喪失を招くことになります。

①口コミによる見込みファンの喪失
②コミュニティ内の既存ファンの喪失

見込みファンだけでなく、既存ファンも失うのは、コミュニティ外からの反発、評価がコミュニティ内の雰囲気にも影響を与え、既存ファンの心持ちにも動揺をもたらすからです。

**図表13 ファンが離れていく13のタイプ**

| | |
|---|---|
| タイプ1 | いじり方を間違えてしまう人(⇒236ページ) |
| タイプ2 | 売り込み方に筋が通っていない人(⇒238ページ) |
| タイプ3 | マウンティングしてしまう人(⇒240ページ) |
| タイプ4 | 自分を過大評価する人(⇒242ページ) |
| タイプ5 | 愛のないダメ出しをする人(⇒244ページ) |
| タイプ6 | 聞き手の悩みを無視してしまう人(⇒246ページ) |
| タイプ7 | 発言がブレる人(⇒248ページ) |
| タイプ8 | すべての人に迎合する人(⇒250ページ) |
| タイプ9 | 大風呂敷を広げたままの人(⇒252ページ) |
| タイプ10 | 自己利益を前面に出してしまう人(⇒254ページ) |
| タイプ11 | 対人関係に効率を徹底してしまう人(⇒256ページ) |
| タイプ12 | 自分の価値観を押し付ける人(⇒258ページ) |
| タイプ13 | 偏った見方で発言する人(⇒260ページ) |

## ■失敗パターンを反面教師とする

**5章では私の実体験も含め、コミュニティの外に出たときに起きてしまいがちな話し手の失敗パターンを紹介していきます。**

これは2章、3章、4章でお伝えしたノウハウを実践し、ある程度、聞き手を惹きつけ、ファンを増やせるようになったときに陥りがちな事例でもあります。耳の痛い話もあるかもしれませんが、私を反面教師だと思って聞いてください。

**成功体験を積み重ねたことで、「このやり方ならどこでも通じる」「話し方のコツをつかんだ」と自信を持ったときほど、ニュアンスへのこだわりが薄れ、コミュニティの外の人の反発を生むことになってしまう**のです。

これから「ファンが離れていく13のタイプ」として、全部で13の失敗パターンを取り上げます（図表13）。あなたが聞き手として遭遇し、違和感を覚えた話し手のことを思い浮かべて読み進めるのもいいかもしれません。

どこにズレがあったから心理的な壁が立ち上がって、話し手と聞き手の間の溝が深まっていったのかが見えてくるはずです。

失敗パターンを反面教師として、コミュニティの外から注目を集めるようになったとき、どんな点に気をつけていけばいいのか。その心構えを見ていきましょう。

ちなみに、これから挙げていく気遣いは、コミュニティ内にいる人に対しても欠かせない内容となっています。

信頼関係のある・なしというのは、あなたもご経験があると思いますが、些細《ささい》なことをきっかけとして変化します。**目の前にいる人が、あなたとの信頼関係の内側と外側のどちらにいるのか、常に気を配っておく必要がある**のです。

**【POINT】**

- コミュニティの内と外（信頼関係の内と外）では、同じ話し方をしても伝わり方が異なる。
- コミュニティ内での成功体験に固執すると、ファンを失う。
- ファンが離れていく13のタイプを反面教師にすれば、ファン離れを防げる。

》タイプ1

# いじり方を間違えてしまう人

「キミ、問題を解くの遅いね」

ある年の冬期講習で、初めて私の授業を受ける生徒にそんなふうに声をかけてしまったことがあります。

こちらとしては、「今は簡単な問題にも時間がかかってしまっているけど、冬期講習で効率的な解き方を教えるから、終わる頃にはスピードアップしているよ」という意味合いを込めた第一声でした。

しかし、聞き手である生徒は「バカにされた」「解くのが速い生徒と比較し、さげすまれた」と受け止め、「あの先生は上から目線の発言をする」という口コミが広がったのです。

こんなふうに言葉の一部だけが独り歩きし、ファンが離れていくことがあります。

その傾向は、SNSを含むネット上のコミュニケーションでより顕著になります。前後の会話の流れや発信者の意図などの文脈とは関係なく、話の一部分をクローズアップ。あたかも上から目線の毒々しい物言いをしたかのように拡散されてしまうのです。

信頼関係のあるコミュニティ内にいる人、つまりファンになってくれた聞き手に対しては、話し手の辛口コメントや毒舌が話し方のいいアクセントになる場合もあります。しかし、**コミュニティの外の人には、辛口や毒舌に込められた真意がなかなか伝わりません。**

その結果、上から目線の人と受け取られ、新たなファンになってくれる可能性があった人を遠ざけてしまうのです。

たとえば、冒頭の私の発言は「キミ、問題を解くのが遅いね」ではなく、「キミ、すごく問題を丁寧に解くスタイルなんだね」であるべきでした。

そして、「この冬期講習では効率的な解き方を教えるから、終わる頃には同じ丁寧さをキープしたまま、解くスピードがアップしているはずだよ」と伝えれば、新たなファンが生まれていたはずです。

**話し手としての影響力が大きくなったときこそ、より一層、言葉を発する前に自分を客観視する必要があります。**

この言い方、この表現は、相手にどう伝わるか？　どう受け止められそうか？

発言する前にそんなワンクッションを置くことで、視野の広さと他者理解につながり、不用意な発言を防ぐことができるのです。

》タイプ2

# 売り込み方に筋が通っていない人

あなたはこんな出来事に直面したら、どう感じますか？

- 知り合いの伝手をたどって訪ねてきたセールスマンが、自己紹介もそこそこに自社のパンフレットを取り出し、オススメの商品の優れている点を語り出したら？
- 一度、交流会で名刺交換をし、薄っすらとSNSでつながった相手から、いきなり「○○さんを紹介してください」というメッセージが届いたら？

ファンが増えると、信頼関係を築いていない相手から距離感のズレを感じる頼み事をされる場面も増えてきます。私も経験しましたが、相手の常識を思わず疑いたくなるようなアプローチに戸惑いを感じるものです。

**聞き手のメリットを何も考えず、要求ばかりを突きつけてくるコミュニケーションは**

**「筋」が通っていません。**これは、「頼んだ相手にリスクだけを背負わせている」と自覚していない無神経さに、戸惑いを感じさせている原因があります。

ところが、ファンを増やし、コミュニティをつくった話し手も無意識のうちに無神経な振る舞いをしてしまうケースがあります。

「○○さんは、このアドバイス通りにやってうまくいきました」
「私のコミュニティでは、このやり方をオススメしています」
「この勉強法で、ほとんどの生徒の成績が伸びました」

聞き手をファンにしてきた成功体験のある話し手は、それぞれがうまくいったやり方に自信を持っています。そこで、新たな聞き手、新たなコミュニティを前にしたとき、自分の正義を売り込んでしまうのです。売れ始めたときの私がそうでした。

実際には、そのやり方にたどり着くまでに、聞き手の悩みに耳を傾け、試行錯誤した時期があったにもかかわらず、うまくいった部分だけを抜き出して語ってしまいます。これでは筋の通らないアドバイスの押し売りになりかねません。

**新たな聞き手を前にしたときは、まず、相手の話に耳を傾けることから始めましょう。**

》タイプ3

# マウンティングしてしまう人

話し手がコンフォートゾーン（居心地の良い場所）を出て、外のコミュニティに入っていくとき、どうしても不安や怖さを感じるものです。そんな心理を打ち消そうとやってしまいがちな失敗が、マウンティング。つまり、自分が優位であることを示す行為です。自分の実力や実績を大きく見せようとして、聞かれてもいないのにすごさをアピールし、そのコミュニティにいる誰よりも「自分はできるんだ！」と主張してしまうのです。

「私の手法は著名人の◯◯さんからも認めてもらっていて……」
「起業して3年で◯億稼いで……」

もちろん、実力や実績のアピールは重要です。しかし、相手の自己紹介などにこうしたメッセージを被せてしまうと、相手からの印象は悪くなります。自分を相手より大きく見せようとする姿勢は、心の弱さであり、必ず相手に見抜かれるからです。

話し手は自分に一定のファンができると、そこに上下関係のある関係性が生じたと勘違いしてしまいます。しかし、今の時代、話し手とファンの関係はピラミッド型ではなく、フラットなネットワーク型で広がっていきます。

**コミュニティの主役は参加者（聞き手）であって、主催者（話し手）は脇役。その話し手がすごいかどうかを評価し、判断するのは聞き手の役割。そして、「あの人はすごい」「実績がある」「多くの人に認められている」と口コミするのも聞き手です。**

たとえば、あるコミュニティの懇親会で参加者が成果を報告したとしましょう。そこで、コミュニティの主催者が自分はもっと大きな実績を上げていると、マウンティングしてきたら、印象は最悪です。

「保険営業で○千万円売り上げることができました！」と報告する聞き手がいたら、「どうして、そんないい成績が出せたの？　秘訣を教えてよ」と話を広げ、相手の知見を引き出すのが主催者の担う役割です。主催者である自分が、「オレは○億円売り上げているんだけど」とマウンティングし始めたら、一気にファンの心は離れていきます。

**マウンティングは心の弱さの裏返し。ファンに対するリスペクトを忘れないようにしたいものです。**

》タイプ4

# 自分を過大評価する人

人はチヤホヤされると、自分の実力を実際以上のものだと勘違いしてしまいがちです。

聞き手がファンになり、話し手を押し上げてくれるコミュニティができると、徐々に自分の力を過信する「認知のバイアス（偏り）」が強くなっていきます。

これだけの人数が応援してくれるのだから、より多くの人に認められるはずだ、と。

そんなふうに考えて、新しい聞き手、新しいコミュニティの前に出ていくと手痛いしっぺ返しを受けることになります。

謙虚ではない人は信頼されないからです。

**話し手は自分のことを受け入れてくれるコミュニティを大切しながらも、世間一般から見た自分の価値を客観視する必要があります。**

たとえば、私がいくら予備校講師として結果を出し、受験生から認められていたとしても、駿台予備学校というコミュニティの外に出てしまえば、「予備校では優秀だったかもしれないけど、私たちに何を提供してくれるの？」という視線にさらされるわけです。

**大切なのは、冷めた視線にさらされる現実をいつも意識しておくこと。**世間のモノサシを忘れずにいることが、謙虚さにつながります。

また、**今あるもので勝負するという意識も重要**です。

ＳＮＳなどでコミュニティを広げていった場合、話し手が背伸びをし始めてしまう失敗パターンがあります。

ネット上では、コピーライティングのやり方や数字の出し方次第で、実力以上の成果が出ているかのようにアピールすることも可能です。

しかし、コピーや数字のマジックでつま先立ちをして自分を大きく見せたとしても、そこで得た評判、広がった口コミはまやかしです。小さなきっかけでメッキが剥《は》がれ、築き上げてきた信頼そのものを失うことになりかねません。

**できたファンを保持したい、新しいファンが欲しいからと、自分を必要以上に大きく見せるのは避けたほうが無難**です。

今ある自分で勝負すること。過信した自分、背伸びしてメッキを塗った自分で戦おうとせず、謙虚に世間のモノサシを冷静に見極めることが大切です。

》タイプ5

# 愛のないダメ出しをする人

「ダメだね」
「それは違う」
「見通しが甘いよ」

自分のやり方が正しいという思いが強くなりすぎると、相手の発言を受け入れる意識が薄れていきます。

「オレはもっと上をいっている」「より多くの経験を積んできた」といった自負からか、聞く耳を持たずに否定的な言葉が口から溢《あふ》れ出します。それでも話し手本人は、ファンである聞き手を思って本心からのフィードバックを行い、愛のある苦言を呈しているつもりです。

しかし、聞き手や周りにいるファンからすると、愛のないダメ出しにしか思えないことがあります。ましてや、コミュニティの外にいる人が見聞きすれば、説教好きのパワハラ系メンターと捉えられてしまうでしょう。

聞き手がどういう意図で発言したのかを汲み取らず、それを探ろうとする質問も発しないまま、相手の言ったことに対して「それはダメだ」「ここがおかしい」と否定。もし、聞き手が勇気を出して「じつはこういう理由で」「今まだ準備段階で」と真意を語ろうとしようものなら、「それは言い訳だ」「詭弁《きべん》だ」と蓋《ふた》をしてしまう。

**相手の未来を考えず、今後の可能性も潰してしまうようなコミュニケーションの取り方は絶対に避けるべき**です。

しかし、こうした対応は予備校でも「あるある」で、生徒が「A大学に進学したい。この勉強をしたいから」と言ったとき、講師が「今の偏差値では無理。現実を見なよ」と否定。講師には過去の経験があるとはいえ、その知見は生徒がどうしたら志望校に受かるかに向けて使われなければなりません。

A大学の出題の傾向、今の生徒の学力との比較、残りの時間でやるべきこと。これが見えてくれば、体勢を立て直すことができます。そんなふうに未来を見た対応を取らず、否定を繰り返すと、信頼関係は崩壊します。

**相手の可能性を見抜けない、代案を提案できないのは、話し手のスキルの問題**です。頭ごなしの否定は自分を守るためのポジショントークと心に刻み、聞き手の側に立って未来を見据えたフィードバックを行っていくことが大切です。

》タイプ6

# 聞き手の悩みを無視してしまう人

「これやらないから、ダメなんだよ」
「まずは、このやり方から始めなさい」
「とりあえず、やろう！」

こうした頭ごなしの言い回しは、1章で紹介した3原則のうちの1つ「『聞き手』のニーズに興味・関心を持つ」を完全に無視した話し方です。

背景にあるのは、「自分のファンはみんなこれでうまくいった。だから、キミもうまくいく！」という自負心。それが命令口調となってしまい、聞き手のモチベーションを挫《くじ》いてしまいます。

なぜなら、聞き手の抱えている悩みや問題について事実確認や原因分析をせず、話し手の経験、思い込みからの決めつけで指示を出しても、物事がうまく解決するはずがないからです。

**本来、聞き手が話し手に悩みを相談し、何かを質問してくれる瞬間は、ファンを増やす絶好のチャンス**です。

徹底的に相手のニーズを聞き、悩みの原因を一緒に考え、話し手が持っている知見とノウハウを動員して解決策を探っていく。結果として、即効性のある提案ができなくても、聞き手のニーズに向き合う真摯《しんし》な態度がファンを増やし、コミュニティの雰囲気をポジティブな方向に引っ張ります。

ニーズを聞いたうえで、どうしても聞き手を諭し、説教する必要が生じた場合、次のような伝え方を意識しましょう。

## ●「過去のダメな自分に対しての後悔の念」＋「聞き手にはそうなってもらいたくない」

たとえば、「若手の頃、自分は○○というやり方にこだわって仕事を進めた結果、成長が遅れた実感があるんだ。今、□□さんは△△に取り組みたいと気持ちを一点に集中させているけど、それが視野を狭めることになっているかもしれない。一度、ボクのすすめる方法を試してみてよ」と。

**ニーズに耳を傾け、聞き手のことを思う姿勢を貫けばファンは確実に増えていきます。**

》タイプ7

## 発言がブレる人

ファンができ、コミュニティができあがると、話し手はある種のブランドになります。

「最後まで必ず話を聞いてくれる。あの人は、頼れる人だよね」
「とにかく頭が切れる。でも、性根が温かい」
「あの先生の講座を受けると、成績が上がる。まさに、合格請負人！」

頼れる人、頭が切れる人情家、合格請負人……。ブランドができると、「○○さんって、□□だよね」という長い説明がいらない口コミができ、一気に広がっていきます。つまり、ブランドになるということは、理由づけやロジックを必要としない「認知のショートカット」が起こっているとも言えます。

ルイ・ヴィトンの高級な革製品は品質がすばらしく、高価でも長く使うことができる。

アップル製品はデザイン性が優れているだけでなく、使いやすい。ボルボの自動車は堅牢で安全性が高く、独特のデザインも魅力的。**長く高い評価を得続けているブランドには、必ず一貫性があります。**ファンは貫かれたイメージに愛着を持ち、新たなファンは一貫したブランドイメージに惹きつけられるのです。

あるコミュニティでブランドとなった話し手も同じ基準で評価されます。ルイ・ヴィトンが1000円の革製品を出し始め、ボルボが丸みを帯びた廉価版のクルマをリリースしたらファンが離れていくように、話し手が発信する情報には一貫性が必要です。

ファンが増えると、情報発信の機会も自ずと増えていきます。

しかし、機会が増えれば増えるほど、整合性を取るのも難しくなっていくもの。そこで、「あの人は、言っていることとやっていることが揃《そろ》っていない」という評判が立ってしまうと、ファンが離れてしまいます。

**話し手は自分が何を話したか、どんな発信をしたかを記録し、定期的に確認する習慣をつけましょう。**特に、信念と言えるような価値観にブレが出ていないかどうかは、重点的に。話し手は本人が思っている以上に多くの人に見られているのです。

》タイプ8

## すべての人に迎合する人

ある程度、コミュニティをつくることができた話し手が、その外側に新たなファン候補がいると気づいたとき、目移りが始まります。

向こうにいる人たちにも振り向いてもらいたいと思い、主張の一部を変え、迎合してしまうのです。すると、これまでのファンは「言っていることが変わった?」「新しい人のことばかり見ている」と動揺してしまいます。

たとえば、予備校講師として評価が上がらず、ひとりでも多くのファンが欲しいと願っていた1年目、2年目の私は、まさに目移りする人でした。

化学が好きな生徒、苦手な生徒、本質的なことを学びたい生徒、受験さえ乗り切れればいいと割り切っている生徒。生徒はさまざまなニーズを持っているのに、そのすべてを満たそうと、全員にいい顔をしようとしたのです。

その結果、肝心の授業の内容がブレブレになっていきました。受験対策のはずなのに化学の雑学的話題を盛り込んで化学好きのウケを狙ったり、「これだけやれば大丈夫」と点数アップのテクニック重視の授業をして、アンケートに「化学愛がない」「残念」と書かれ、落ち込んだり……。

万人ウケを狙った節操のなさを見抜かれ、聞き手の信頼を失っていったのです。

そこで、私は自分の授業のスタンスを明確に打ち出すことにしました。

それは「化学が好きになるかどうかは、もうどうでもいい。最少の時間と労力で点数が取れるようにします」と。割り切ることで去っていった生徒もいましたが、実際には、そこから一気にファンが増えていきました。

新たなファン候補に目移りし、意見や主張を変えると、その節操のなさが積み重ねてきた信頼を損ねます。つまり、**すべての新たなファン候補の人たちに迎合すると、本当に思いを届けたい人たちから「この人、自分がないのかな」と見放されてしまうのです。**

どれだけクオリティの高い話をしたとしても、全体の数%の人は粗を探して厳しい評価を下します。ファンが増えれば、ネット上に現れるアンチのように、コミュニティの足を引っ張る人も出てくるでしょう。

大切なのは、見込みファンを意識しすぎないこと。既存ファンと見込みファンに同等に接するようにしましょう。

》タイプ9

# 大風呂敷を広げたままの人

「絶対に実現させます！　と、胸を張るから頼んでみたら、まったくの期待はずれ。大風呂敷を広げるなって話だよ」

「飲み会ではいつも調子のいいことを言って、あの人はお酒が入ると、すぐに大風呂敷を広げるね」

「会員にだけ特別なノウハウをお伝えします！　と言うから、限定セミナーに申し込んだのに内容はまったくだった。大風呂敷を広げても中身がないんじゃねぇ……」

「大風呂敷を広げる」とは、「大きな風呂敷を広げても、その中に包むような大きな物がないこと」から、「実現不可能な計画を立てたり、大げさなことを言ったりする」という意味で使われます。

**経営者の中には、「先に大風呂敷を広げて、努力しながら結果を追いつかせればいい」**

**と言う人もいますが、これはしっかり行動できる人に限った話です。**

話し手はファンが増えると、期待に応えたい気持ちから「あれもこれも」と相手の期待値を引き上げるような約束をしてしまいます。しかし、広げた大風呂敷の中で聞き手の期待に沿う行動を起こすことをしなければ、失望されるだけです。

相手のために良かれと思って、あるいは自分をより良く見せたいと思っての言動がマイナスに働いてしまうのは、話し手と聞き手では期待に対する捉え方に違いがあるからです。**人は自分自身を「自分が生み出せると思う将来の結果」で判断しがちですが、周囲の人は「すでに成し遂げた過去の結果」で判断します。**

ですから、引き上げた期待値を満足させる結果を出したり行動で示さないと、話し手のサービス精神は逆効果に。これまで積み上げてきた信頼の貯金残高も減ってしまうのです。

大切なのは、新たなコミュニティに飛び込んだとき、「あれもできます」「これもやります」と大風呂敷を広げすぎないこと。**今、すぐにやらないことを約束してしまうのは、信用をリスクにさらす行為となります。**

守れない約束はしない。公言した約束は必ず守る。当たり前のようなアドバイスではありますが、今の時代ほど信頼関係が重要な時代はありません。ファンが増え、コミュニティができたときこそ、人付き合いの原点に立ち返ってみるのが最善の策と言えます。

》タイプ10

# 自己利益を前面に出してしまう人

私たちは、生きていくために稼がなければいけません。

人に役立つ情報を話し、必要な対価を得るのは当然のことです。お金は評価のモノサシの1つですから。ただただファンを増やし、多くの人に認められたとしても、報酬を得ないままでは続けていくことができません。

しかし、**話し手の立ち居振る舞いから「お金」への欲が露骨に見えてしまうと、聞き手は一気に引いていってしまいます。**

生活に汲々《きゅうきゅう》としていることを表に出してしまう話し手には、カリスマ性や畏れられる存在感が薄れます。あるいは、より稼ぎ、より良い生活を……という欲望が漏れている話し手を前にすると、聞き手は自分が利用される駒のように思えてしまいます。

私が浪人していた頃、予備校講師の中に稼ぐことを最優先していることをおおっぴらにしている方がいました。

多くの生徒を志望校合格に導いた実績のある講師でしたが、自著を教科書として無理に買わせようとしたり、オリジナルの講座への参加を半ば強引にすすめたり、生徒の学力を伸ばすこと以上に自分の利益を優先する姿勢を隠しません。

何か金銭的な事情があったのかもしれませんが、生徒をお金儲けの対象として見ていることが伝わってしまうと、教わる側の気持ちは離れていきます。

お金が大事、名誉が欲しい。

そんな本心が透けて見えている人の話は、どんなに情緒的ベネフィットを込めても白々しく聞こえます。嘘をついてまで強調する必要はありませんが、**話し手は自己利益を優先する姿は見せないほうが賢明**でしょう。

たとえば、「今日はこれから来週の講義の教材作成があるから、時間きっかりに切り上げるよ！」と相手の利益につながる内容を話すのは全然ＯＫなのですが、「昨日は友人と明け方まで飲んでたから、講義の内容はぶっつけ本番でいくんでよろしく！」はＮＧ。こういった自己開示は不要です。

**ファンは、どんな事情があっても自分たちへのケアを最優先にしてくれる人を評価する**からです。聞き手のために多くの時間を使い、周到な準備を整えて向き合うこと。結局は、その繰り返しがファンを増やし、話し手の金銭的な安定や成功につながるのです。

》タイプ11

# 対人関係に効率を徹底してしまう人

この人と会うと、自分にどんなメリットがあるだろう?
ファンを効率的に増やすには、どうしたらいいだろう?
コミュニティをまとめるキーパーソンを育てるには、どんな方法があるのだろう?

効率の良い対人関係を求めるのは自由です。どんなに優秀な人にも時間は1日24時間しかありませんから、ファンが増えてきた時点である程度の効率を求めてしまうのは、仕方のないことかもしれません。

しかし、**効率を追い求めすぎると既存のファンからの信頼も、見込みファンたちからの信頼も失うことになります。**

たとえば、初めて顔合わせをするのに「効率的だから」という理由だけでオンラインでのミーティングを提案されたら、どう思いますか? 逆に、「初めてお話しをさせていただくときは、できれば対面でごあいさつさせていただきたい」と言ってもらえたら、どう思いますか？

新型コロナウイルスを巡る働き方の変化で、オンラインでの顔合わせや会議も当たり前になってきました。それでも私だったら、「初対面は実際に会ってあいさつをしたい」と言ってくれたほうが誠意を感じますし、安心します。

なぜなら、**人は五感すべてを使って、相手が信頼できるかどうかを判断する生き物**だからです。

これは、話し手と聞き手の人数比が変わってても忘れてはならないことです。ファンのできた話し手は、1対多のコミュニケーションの場面が増えていきます。すると、どうしても五感を使って一人ひとりと向き合っている実感が薄れていきます。

けれど、1対多のコミュニケーションであっても一人ひとりの聞き手は、話し手と1対1でつながっている感覚を持っています。その人だからファンになっているのです。

だからこそ、話をするタイミングで効率を重視した扱いを受けると、自分は大切にされていないと感じます。話し手にとって、その聞き手は大多数のひとりであったとしても、相手には「ないがしろにされた」という感覚が強く残るのです。

**効率を求めすぎるだけの人付き合いは、信頼関係が構築されにくくなります。**

》タイプ12

# 自分の価値観を押し付ける人

「価値観を押し付けられるのが、ツライです……」

これは、私が駿台時代に生徒から受け取った受講アンケートにあった言葉です。当時、講師として自信を持ち始めていた私は生徒に対し、こんなミッションを掲げていました。

「私の目的は、全員が第一志望の大学に合格すること」

そのために最大限の努力をするのが講師であり、話し手である私の役割です。ところが、未熟だった私は同じ負担を聞き手である生徒にも強いていました。

「すべての娯楽時間を削って、受験勉強に当てるのが受験生のあるべき姿だ」

「ストイックさのない学生は、合格しない」

「ボクは1日15時間勉強した。キミたちもそうすべきだ」

ある程度の実績を積み、夏期講習や冬期講習にも生徒が集まるようになっていたことで、勘違いをしていました。生徒がこちらの価値観に合わせれば、よりスムーズに結果が出ると考えてしまったのです。

しかし、今でははっきりとわかります。

**話し手はミッションを掲げるべきですが、価値観を押し付けなくてもコミュニティは成長します。**

聞き手の中にもいろんな価値観を持った人がいます。多様化の今の時代に、話し手の一方的な価値観を押し付けるのは、百害あって一利なしです。イエスマンだけで構成されたファンコミュニティになってしまいます。それは話し手であるあなたが望んだことでしょうか？　ファンが増え、コミュニティが広がる喜びは、「こんな考え方もあるのか。なるほど、そんな方法も。思いもよらないアイデアが出てくるものだね」というように、驚くような多様性を目の当たりにし、話し手も刺激を受け、成長していくことにあるのではないでしょうか。**多様な価値観を包括的に捉えられる人が、コミュニティを拡大させると、**私は考えています。

》タイプ13

# 偏った見方で発言する人

予備校講師の中には、生徒に向かってこんな発言をしてしまう人がいます。

「偏差値60いかないやつは受験すべきじゃない!」

その時点での偏差値だけをモノサシにして生徒を差別してしまう講師。

「キミの高校だと、その大学には入れないよ」

出身校だけで学力がわかると言わんばかりに、本人の実力はチェックせず、志望校を否定する講師。

彼らには彼らなりの経験値があり、「ハッパをかけているだけ」「早めに志望校を切り替えて、現実路線を歩ませるのが本人のため」といった言い分があるはずです。しかし、こうした**偏った見方で発言し、目の前にいる人に勝手なラベリングをしてしまう人からはファンが離れていきます。**

少ない情報で相手のことを不正確に判断してしまうこと。肌の色や信じている宗教によって類型的な決めつけをし、その人本来の人間性に目を向ける努力を怠ること。無意識の思い込みや過去の経験を優先し、偏った見方をしてしまうこと。

こうした心理は、認知心理学の世界で「アンコンシャス・バイアス」と呼ばれています。**このバイアスのやっかいなところは、発言している本人に「相手を傷つけている自覚」が乏しい点です。**

先程の講師の例でもそうですが、企業内で「育児のために時短勤務中の社員にプロジェクトリーダーは無理だろ」「長年この手法でうまくいってきたのだから、若手は四の五の言わずに手を動かせばいい」などと言ってしまう上司も、自分の思い込みから生まれた偏った見方の窮屈さや差別性に気づいていません。

気づいていないから、したり顔でファンが離れていくような発言をしてしまうのです。

# ファンを離さないためにすべき「たった1つのこと」

最後に、ファンが離れるパターンに陥らないためにすべきことをお伝えして、本書の締めとしたいと思います。

**ファンが離れていく人の13のタイプに共通しているのは、自分を客観的に見る視点が不足していること**です。

たとえば、旅行の集合写真を手に眺めたとき、私たちが最初に探すのは自分の姿ではないでしょうか？　私も、自分がどんな表情で写っているかを確かめてしまいます。じつは、この傾向は万国共通で、欧米で行われた心理学の研究でも大多数の人が写真の中の自分を真っ先に探すことがわかっています。

なぜなら、人は本能的に主観的な物事の見方を好むからです。

認知心理学の世界では「感情バイアス」とも呼ばれますが、私たちは自分のいいように物事を解釈し、心地よくなれる選択肢を選びやすく、好ましくない事実から目を背けたがる傾向があるのです。

## ■1日に1回「今日の自分はどうだったか?」を振り返る

あなたが「自分は懸命に話しているのにいまいち聞き手に響かない」「聞き手の反応が良くない」「費やした労力に見合うような評価が得られない」と悩んでいるなら、視点が主観的すぎるのかもしれません。

一方、話し手としてのあなたにファンができ、自分を信頼してくれるコミュニティができているなら、それはそれで注意が必要です。

今後、13のタイプのようなファンが離れていく人にならないためには、自分を客観視する工夫が求められます。というのも、ファンのいる状態、コミュニティがある状態は、話し手にとって非常に心地の良い環境だからです。

そうした場があること自体は悪いことではありません。それは、話し手であるあなたの努力があったから、それこそ自分を客観視しながら多くの聞き手の役に立ってきたからこそ、手に入った快適な環境です。

ところが、その**コンフォートゾーンにいる状態が当たり前になってくると、どんなに優**

**れた人でも自分を客観視する視点が曇り始めます。**ファンはあなたのことを悪く言いませんし、コミュニティにはあなたへの好意がベースにあります。

つまり、多くの人に主観を肯定されるうち、話し手は13のタイプとして紹介したような言動を取るようになってしまうのです。こうしたバランス感覚の歪み、視点の曇りから脱するには、これからお伝えする1つのルーティンを生活に取り入れてください。その目的は、もう一度、自分自身を客観視する感覚を取り戻すことです。

客観的に自分を見るため、これから挙げる3つの視点から1日に1回、夜、眠る前に自問自答をし、「今日の自分はどうだったか?」を振り返る習慣を身につけていきましょう。

### ●「感情のコントロールができているか」を確認する

- ●感情任せの発言をしてはいないか?
- ●一貫性のない言動で周りを振り回していないか?
- ●話している自分を一歩引いて見る感覚を持てているか?
- ●頭ごなしの言い方をしていないか?

喜怒哀楽、どの方向に大きく感情が揺れても、平常心を失うことになります。すると、どうしても話す内容、周囲の人に見せる態度が感情的なものになってしまいます。

身近にいるファンは、話し手が喜んでいれば笑顔になり、怒っていれば気を遣い、悲しんでいれば心配し、楽しんでいれば一緒に盛り上がってくれるはずです。それは悪いことではありませんが、**「聞き手であるファンが自分に合わせてくれるのだ」という事実を忘れてはいけません。**

話している自分を一歩引いて見る感覚を大切にしていきましょう。

**●「謙虚さを忘れていないか」を確認する**
●周囲の人を下に見てはいないか？
●上から目線で語ってはいないか？
●恩師が今の自分を見たらなんと言うか？

「自分は売れている！」「自分は多くの人に役立っている」といった高いセルフイメージを持つことは大事ですが、相手を下に見て、上から目線にはなっていないか注意が必要です。

**相手への誠意と敬意を忘れないこと。謙虚な姿勢を保つことは、自分を客観視するうえ**

**で非常に役立ちます。**

目の前のファンがいるから、今のポジションがあるのだと思い出すこと。どんな講義も生徒がいなければ成り立たず、プロスポーツも観客がいてこそ成立します。

あなたが尊敬している先輩、恩師の存在を思い浮かべ、自身の未熟さを再認識することができます。最大限の努力をしているつもりでも、上には上がいます。

誰も話を聞いてくれなかった過去と比べて、今の状況がいかに恵まれたものか。ひとりでも多くの聞き手に出会いたいと願っていた頃を思い出してください。

そんなふうに自分を取り巻く状況を見つめ直せば、謙虚さを取り戻すことができるはずです。私自身は、日本一になってから特に気を付けていました。

## ●「フィードバックから目を逸らしていないか」を確認する

●都合の悪い評判は無視していないか?
●助言してくれる人を遠ざけていないか?
●ファンの本音を聞くのを避けていないか?

話し手の言ったこと、伝えたメッセージに対して、厳しいフィードバックを返してくる人がいます。特に今はネット上、SNS上でエゴサーチ（自分の名前などの検索）をすると、見たくない評判が目に入ってしまうことが多々あります。

私も経験していますが、きつい意見、攻撃的な批判を受け止めるのはしんどいものです。

しかし、誰のものであっても、発信した内容へのフィードバックは価値ある声です。もちろん、見ず知らずの他人が書いたネットの評判を気にしすぎる必要はありません。ただ、そこにも今後の活動に向けてヒントとなる何かが隠れていることがあります。

**特定のフィードバックにだけ耳を傾け、目を通すようにすれば、それはあなたを成長させる糧になります。**それでは、どんなフィードバックに目を向ける必要があるのでしょうか。ポイントは、次の2点です。

**●愛情があるか、ないか**
**●批判精神があるか、ないか**

愛情があって、批判精神がある人からのフィードバックは、信頼できる意見。今後も同じ人から積極的にフィードバックをもらうべきでしょう。逆に、愛情がなく、批判精神もないフィードバックは、単なるヤジのようなもの。一度、受け止めてみて特に活かすポイントがなければ、以降はスルーしたほうが精神衛生上も好ましいと言えるでしょう。

**もし身近なファンが厳しい意見をぶつけてくれるなら、感謝とともに受け止めること。**愛情と批判精神に満ちたフィードバックに耳を傾けていると、傲慢《ごうまん》にならず、緩むことなく、自分を客観視する状態を保つことができるはずです。

【POINT】

- ファンが離れるパターンに陥らないためには、自分を客観視すること。そのためには「平常心」「謙虚さ」「フィードバック」が大事。
- 1日に1回「今日の自分はどうだったか？」を振り返ることで、自分を客観視する状態を保つ。

## 5章のまとめ

### 失敗を反面教師にして、ファン離れを防ぐ
- ファンが離れていく13のタイプと同じ行動を取らない。

### タイプ1：いじり方を間違えてしまう人
- 話し手としての影響力が大きくなったときこそ、より一層、自分を客観視する必要がある。

### タイプ2：売り込み方に筋が通っていない人
- 新たな聞き手を前にしたときは、まず、相手の話に耳を傾けるところから始める。

### タイプ3：マウンティングしてしまう人
- マウンティングは弱さの裏返し。話し手の実力、実績は強いて語らずとも伝わる。

### タイプ4：自分を過大評価する人
- 冷めた視線にさらされる現実をいつも意識し、今あるもので勝負する。

### タイプ5：愛のないダメ出しをする人
- 聞き手の側に立って未来を見据えたフィードバックを行う。

### タイプ6：聞き手の悩みを無視してしまう人
- ニーズに耳を傾け、聞き手のことを思う姿勢を貫く。

### タイプ7：発言がブレる人
- どんな発信をしたかを記録し、定期的に確認する習慣をつける。

**タイプ8：すべての人に迎合する人**

- 1つ1つの悪評を真に受けてセンシティブに対応しない。

**タイプ9：大風呂敷を広げたままの人**

- 守れない約束しない。聞き手の期待に沿う中身がなければ、失望されるだけ。

**タイプ10：自己利益を前面に出してしまう人**

- 自己利益よりも他者利益を優先するスタンスを取る。

**タイプ11：対人関係に効率を徹底してしまう人**

- 1対多のコミュニケーションであっても、一人ひとりの聞き手を大切にする。

**タイプ12：自分の価値観を押し付ける人**

- 新たな発見を楽しみ、ファンとともに成長していく。

**タイプ13：偏った見方で発言する人**

- 無意識の思い込みに気をつける。

**ファンが離れるパターンに陥らないために**

- 「平常心」「謙虚さ」「フィードバック」を大切にする。

# おわりに

プロローグで紹介した「しくじり体験」の舞台だった中学校を、先日訪れてみました。教育実習でお世話になって以来なので、およそ15年ぶりのこと。

15年も経てばさすがにどこか変わっているだろうなと思っていましたが、くすんだ白色の校舎、少し錆びついた校門、淵に雑草が生える校庭、ほとんど当時のままでした。

「なんで、あんなに人とぶつかってしまっていたんだろう……」

母校があまりにも変わっていなかったため、当時のしくじりがフラッシュバックしました。よくよく考えると、私の未熟な話し方が原因で、周囲の人とトラブったり、関係性が壊れてしまったりしたことは、当時の最大の悩みでした。

口下手なくせに、自分の意見だけは何がなんでも押し通そうとする。正論であれば、相手がどんな思いをするかなんて考えないで発言する。その結果、どんどん人が離れていく……。

「どんな話し方をすれば、良好な人間関係ができ、その関係を続けられるんだろう……」

全然変わらない母校を見て、こんな悩みを抱えていた日々をふと思い出しました。

母校は変わっていませんでしたが、今の私は「話し方」で悩むことが少なくなったぶん、あの時に比べてほんの少しは変わることができたのかもと思っています。


「話すよりも、書くほうが届きしやすい！」

「文章が上手くなったほうが拡散に有利だ」

「これからのデジタル時代は、話すスキルよりも書くスキルを学ぶべきだ！」

SNSがコミュニケーションの手段としてメジャーになってきている現代では、「話す」より「書く」ことに重きを置く風潮があるように感じます。確かにそれも一理あるかと思います。ただ、この考え方は、コミュニケーションの手段が目的化しているように思えてなりません。


私はコミュニケーションで最も優先すべきことは、直にお会いした目の前のひとりと深くつながることだと考えています。なぜなら、特にビジネスにおいては、投じるお金や時間の面からも、人と深くつながればつながるほど大きな仕事ができるからです。

書かれた文字だけの素性すらも定かではないオンライン上のバーチャルな関係では、莫大なお金や時間はかけられないというのが人の性《さが》ではないでしょうか。

人間関係の構築にデジタルが入ってきていることを否定する気はありませんし、この波はもう止められないとも思っています。
ただ、ＩＴだ、デジタルだと言ったときに、人付き合いを極限まで効率化して生まれた時間で自分は何をしたいのか？　この問いの答えが大切なのではないでしょうか。

私の答えは、「つながりたい人とつながるために時間を使う」です。

デジタル媒体を駆使して人と効率的に幅広くつながったところで、１人当たりの人にかける時間やお金のコストを薄めたら、もちろん関係性は浅いままでしょう。浅い関係性を大量生産することに時間を割くくらいなら、私は最初から人付き合いに効率は求めません。効率的に１００人の人と薄くつながるくらいなら、非効率に10人の方と濃くつながるほうを私は選びます。

「この人とはもう二度と会えないかもしれない」
一度でもつながりを持った人に対して、いつもこんなことを考えています。
こちらが会いたいと思っても、相手に会いたいと思ってもらわなければ、二度と交わることはできません。

一方で、自分がつながりたいと思える人とつながり続けることができる。こんなに喜ばしいことが他にあるでしょうか。

だからこそ、「書く」ことと同じくらい、「話す」ことに本気で取り組んでもいいはずです。


最後になりましたが、お礼の言葉を述べさせてください。本書の刊行にあたり、多くの方々のお世話になりました。朝日新聞出版の喜多豊さんには、素晴らしい切り口での企画づくり、そして編集をしていただきました。喜多さんでなければこの切り口は見つからなかったと本気で思っています。私のこのコンテンツを世に出してくださったこと、心より感謝申し上げます。本書の構成も一緒に考えてくださったり、言語化がうまくできていない私のナレッジをとてもわかりやすい文章で表現してくださった佐口賢作さん。大事な子育ての時期に私の原稿に膨大な時間を使ってくださり、本当に感謝の気持ちでいっぱいです。カバーデザインを担当してくださった杉山健太郎さん。いつもステキで斬新なカバーを作ってくださり、本当にありがとうございます。病みつきになるデザイン、心より感謝申し上げます。本文中のイラストやデザインをご担当してくださった齋藤稔さん。毎度、私のむちゃぶり的な指示を、想像超えるイラストで表現してくださり、いつも脱帽しています。私の頭の中の一番の理解者だと勝手に思っております。

一読者としてアドバイスをくれた友人の大橋啓人くん、いつも鋭く、そして歯に衣着せぬ辛辣《しんらつ》なコメント、本当にありがとうね。自分の仕事や書籍執筆で超多忙なのにもかかわらず、家事をたくさんやってくれて支えてくれた妻の綾香。私のためにたくさんの時間を使ってくれて、感謝の気持ちが言葉になりません。本当にありがとう。そして、福岡の両親。自分の口下手は九州男児の血のせいだとずっと思い込んでいたんだけど、まさかの「話し方」の本を書くに至りました。ここまで育ててくれて本当にありがとう。長生きしてね。いつも私たち夫婦を温かい笑顔で迎え入れてくださる埼玉のお義父さんお義母さん。会うたびに心が安らぎます。いつもまでも健康でいてください。

そして、この本を手に取ってくださったあなたへ。本書を最後までお読みいただき、本当にありがとうございます。

人類が書くことでコミュニケーションをとり始めたのは、話すコミュニケーションが生まれるよりもずっと後です。そういった意味では、「書く」よりも「話す」コミュニケーションのほうが原始的なのかもしれません。だからこそ、人と人とのコミュニケーションの本質がそこにはあるのだと私は思っています。

人と人との距離を近づけ、そしてつながり続けていくことがより重要となるこれからの時代では、「話す」というコミュニケーションの価値は再び見直されるはずです。

だからこそ、「話し方」を工夫しさえすれば、つながりたい人と思える人とつながり続けられるチャンスが生まれます。

必要なのは、成果の出るノウハウと、「自分を変えたい」と思うほんの少しの勇気です。上手い話し方ができなくていい。きれいな話し方でなくていい。相手とつながり続ける話し方さえできれば、あなたの望む結果は得られるはずです。

私は、「時間」を命の一部だと考えています。あなたの大切な時間、つまり、命の一部を私の本を読むことに使ってくださり、心より感謝申し上げます。

本書を最後まで読んでくださったあなたと「つながる」ことができる日が、近い将来、訪れることを心より楽しみにしています。

2020年10月

犬塚壮志

## 【参考図書】


『赤を身につけるとなぜもてるのか？』（タルマ・ローベル、池村千秋〈訳〉、文藝春秋、2015）

『影響力の正体――説得のカラクリを心理学があばく』（ロバート・B・チャルディーニ、岩田佳代子〈訳〉、ＳＢクリエイティブ、2013）

『影響力の武器――なぜ、人は動かされるのか』（ロバート・B・チャルディーニ、社会行動研究会〈訳〉、誠信書房、1991）

『記憶と情動の脳科学――「忘れにくい記憶」の作られ方』（ジェームズ・L・マッガウ、大石高生・久保田競〈監訳〉、講談社、2006）

『教養としての認知科学』（鈴木宏昭、東京大学出版会、2016）

『口コミ伝染病――お客がお客を連れてくる実践プログラム』（神田昌典、フォレスト出版、2001）

『最強のモチベーション術――人は何を考え、どう動くのか？』（太田肇、日本実業出版社、2016）

『［補訂版］社会心理学』（池田謙一・唐沢穣・工藤恵理子・村本由紀子、有斐閣、2019）

『［新版］社会心理学研究入門』（安藤清志・村田光二・沼崎誠〈編〉、東京大学出版会、2009）

『信頼学の教室』（中谷内一也、講談社、2015）

『信頼の原則――最高の組織をつくる10のルール』（ジョエル・ピーターソン／デイビッド・A・カプラン、田辺希久子〈訳〉、ダイヤモンド社、2017）

『信頼の構造――こころと社会の進化ゲーム』（山岸俊男、東京大学出版会 、1998）

『心理学大図鑑』（キャサリン・コーリンほか、小須田健〈訳〉、三省堂、2013）

『進化と感情から解き明かす社会心理学』（北村英哉・大坪庸介、有斐閣、2012）

『進次郎メソッド――情熱を感染させる小泉流〝魅せる〟対話術』（向谷匡史、双葉社、2017）

『図解 モチベーション大百科』（池田貴将、サンクチュアリ出版、2017）

『スピード・オブ・トラスト――「信頼」がスピードを上げ、コストを下げ、組織の影響力を最大化する』（スティーブン・M・R・コヴィー／レベッカ・R・メリル、キングベアー出版、2008）

『説得とヤル気の科学――最新心理学研究が解き明かす「その気にさせる」メカニズム』（スーザン・ワインチェンク、武舎広幸・武舎るみ〈訳〉、オライリー・ジャパン、2014）

『TRUST（トラスト）――世界最先端の企業はいかに〈信頼〉を攻略したか』（レイチェル・ボッツマン、関美和〈訳〉、日経BP、2018）

『［改訂新版］人間性の心理学――モチベーションとパーソナリティ』（A・H・マズロー、小口忠彦〈訳〉、産業能率大学出版部、1987）

『認知心理学』（箱田裕司・都築誉史・川畑秀明・萩原滋、有斐閣、2010）

『［新版］認知心理学――知のアーキテクチャを探る』（道又爾・北崎充晃・大久保街亜・今井久登・山川恵子・黒沢学、有斐閣、2011）

『認知療法――精神療法の新しい発展』（アーロン・T・ベック、大野裕〈訳〉、岩崎学術出版社、1990）
『脳はなにかと言い訳する――人は幸せになるようにできていた!?』（池谷裕二、新潮社、2010）
『ファスト＆スロー（上・下）――あなたの意思はどのように決まるか？』（ダニエル・カーネマン、村井章子〈訳〉、早川書房、2014）
『「勉強しろ」と言わずに子供を勉強させる法』（小林公夫、PHP研究所、2009）
『学ぶ意欲の心理学』（市川伸一、PHP研究所、2001）
『マネジャーの最も大切な仕事――95％の人が見過ごす「小さな進捗」の力』（テレサ・アマビール／スティーブン・クレイマー、中竹 竜二〈監訳〉、樋口武志〈訳〉、英治出版、2017）
『モチベーション革命――稼ぐために働きたくない世代の解体書』（尾原和啓、幻冬舎、2017）
『モチベーション3.0――持続する「やる気！」をいかに引き出すか』（ダニエル・ピンク、大前研一〈訳〉、講談社、2015）
『やる気が上がる8つのスイッチ――コロンビア大学のモチベーションの科学』（ハイディ・グラント・ハルバーソン、林田レジリ浩文〈訳〉、ディスカヴァー・トゥエンティワン、2018）
『ヤル気の科学――行動経済学が教える成功の秘訣』（イアン・エアーズ、山形浩生〈訳〉、文藝春秋、2012）
『やる気を引き出す教師の技量――管理・強制教師から民主的グループ・リーダーへ』（ルドルフ・ドライカース／パール・キャッセル、松田荘吉〈訳〉、一光社、1991）
*Teach Like a Champion : 49 Techniques that Put Students on the Path to College*（Lemov, D., Jossey-Bass , 2010）

---

## 【参考論文】

「内田・クレペリン精神検査の課題」（島津貞一、『東海女子大学紀要』第5号、1985）
「行動経済学でよりよい判断を誘導する法――意思決定のプロセスと過ちの原因を理解せよ」（ジョン・ビシアーズ／フランチェスカ・ジーノ、『DIAMONDハーバード・ビジネス・レビュー』2016年1月号、ダイヤモンド社、2016）
Memory for incomplete tasks : A re-examination of the Zeigarnik effect（Seifert, C. M., & Patalano, A. L., *Proceedings of the Thirteenth Annual Conference of the Cognitive Science Society*, Chicago, IL., 1991）
Attitudinal effects of mere exposure（Zajonc, R. B., *Journal of Personality and Social Psychology*, 9,(2, Pt.2), 1968）

【著者略歴】

## 犬塚 壮志（いぬつか・まさし）

教育コンテンツ・プロデューサー／株式会社士教育代表取締役。

福岡県久留米市生まれ。元駿台予備学校化学科講師。

大学在学中から受験指導に従事し、業界最難関といわれている駿台予備学校の採用試験に25歳の若さで合格（当時、最年少）。駿台予備学校時代に開発したオリジナル講座は、開講初年度で申込当日に即日満員御礼となり、キャンセル待ちが出るほどの大盛況ぶり。その講座は3,000人以上を動員する超人気講座となり、季節講習会の化学受講者数は予備校業界で日本一となる（映像講義除く）。さらに大学受験予備校業界でトップクラスのクオリティを誇る同校の講義用テキストや模試の執筆、カリキュラム作成にも携わる。

「教育業界における価値協創こそが、これからの日本を元気にする」をモットーとし、2017年に講師自身の"コア・コンピテンシー"を最大限に生かした社会人向けビジネスセミナーの開発や講座デザイン、テキスト作成などを請け負う日本初の事業を興す。タレント性が極めて強い予備校講師時代の経験を生かし、自分ブランドを確立させてパーソナル・バリュー（自分価値）を高める教育プログラムをビジネスパーソンや経営者に向け実践中。また、企業向け研修講師としても登壇実績多数。さらに企業研修そのものを開発・企画プロデュースするメインとなるサービスは開始わずか1年で、半年待ちの大盛況。

その傍ら、教える人がもっと活躍できるような世の中を創るべく、現在は東京大学大学院で認知科学をベースとした研究も行う。

主な著書に、累計5万部超えのベストセラーとなった『東大院生が開発！ 頭のいい説明は型で決まる』、発売1ヵ月で15,000部を突破した『カリスマ予備校講師が初公開！ 感動する説明「すぐできる」型』（共に、PHP研究所）、『理系読書――読書効率を最大化する超合理化サイクル』（ダイヤモンド社）、『偏差値24でも、中高年でも、お金がなくても、今から医者になる法』（共著、KADOKAWA）などがある。

人気NO.1予備校講師が実践！
「また会いたい」と思われる話し方

2020年11月30日　第1刷発行

著　者　犬塚壮志
発行者　三宮博信
発行所　朝日新聞出版
〒104-8011 東京都中央区築地5-3-2
電話　03-5541-8814（編集）
03-5540-7793（販売）
印刷所　大日本印刷株式会社


Published in Japan by Asahi Shimbun Publications Inc.
ISBN978-4-02-331922-6

定価はカバーに表示してあります。

落丁・乱丁の場合は弊社業務部（電話03・5540・7800）へ
ご連絡ください。送料弊社負担にてお取り換えいたします。